KB105293

Fifty Famous Stories

50가지 재미있는 이야기

50가지 재미있는 이야기

First edition: November 2009

TEL (02)2000-0515 | FAX (02)2271-0172

ISBN 978-89-17-23769-6

YBM Reading Library는 ...

쉬운 영어로 문학 작품을 즐기면서 영어 실력을 크게 향상시킬 수 있도록 개발된 독해력 완성 프로젝트입니다. 전 세계 어린이와 청소년들에게 재미와 감동을 주는 세계의 명작을 이제 영어로 읽으세요. 원작에 보다 가까이 다가가는 재미와 명작의 깊이를 느낄 수 있을 거예요.

350 단어에서 1800 단어까지 6단계로 나누어져 있어 초·중·고 어느 수준에서나 자신이 좋아하는 스토리를 골라 읽을 수 있고, 눈에 쉽게 들어오는 기본 문장을 바탕으로 활용도가 높고 세련된 영어 표현을 구사하기 때문에 쉽게 읽으면서 영어의 맛을 느낄 수 있습니다. 상세한 해설과 흥미로운 학습 정보, 퀴즈 등이 곳곳에 숨어 있어 학습 효과를 더욱 높일 수 있습니다.

이야기의 분위기를 멋지게 재현해 주는 삽화를 보면서 재미있는 이야기를 읽고, 전문 성우들의 박진감 있는 연기로 스토리를 반복해서 듣다 보면 리스닝 실력까지 크게 향상됩니다.

세계의 명작을 읽는 재미와 영어 실력 완성의 기쁨을 마음껏 맛보고 싶다면, YBM Reading Library와 함께 지금 출발하세요!

준비하고, 읽고, 다지는 3단계 리딩 전략

YBM Reading Library

책을 읽기 전에 가볍게 워밍업을 한 다음, 재미있게 스토리를 읽고, 다 읽고 난 후 주요 구문과 리스닝까지 꼼꼼 다지는 3단계 리딩 전략! YBM Reading Library, 이렇게 활용하세요.

Before the Story

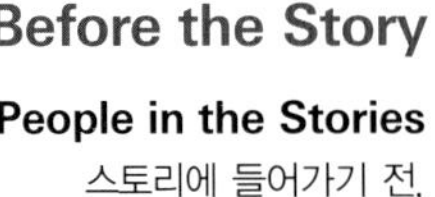

People in the Stories

스토리에 들어가기 전,
등장인물과 만나며 이야기의
분위기를 느껴 보세요~

★ Many years later, King William lay on his deathbed [1] and thought of his sons. They were now adults. He wondered what would happen to them after his death. Then he remembered what the wise men had told him.

So he gave Robert the lands that he owned in France. He said that William should be the King of England. And Henry should have no land at all, [2] only a chest of gold.

★★
- lie 놓다 (lie-lay-lain)
- deathbed 임종, 죽음의 자리
- adult 성인
- wonder ···이 궁금하다
- own 소유하다
- a chest of gold 황금 한 상자

★★★ 헨리가 정복왕 윌리엄으로부터 받은 것은?
a. the lands
b. the King of England
c. a chest of gold

60 ◦ Fifty Famous Stories

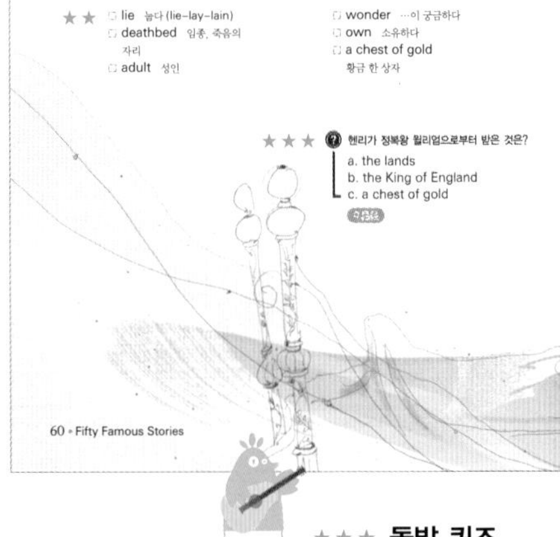

In the Story

★ 스토리

재미있는 스토리를 읽어요. 잘 모른다고
멈추지 마세요. 한 페이지, 또는 한 chapter를
끝까지 읽으면서 흐름을 파악하세요.

★★ 단어 및 구문 설명

어려운 단어나 문장을 마주쳤을 때,
그 뜻이 알고 싶다면 여기를 보세요.
나중에 꼭 외우는 것은 기본이죠.

★★★ 돌발 퀴즈

스토리를 잘 파악하고
있는지 궁금하면 돌발 퀴즈로
잠깐 확인해 보세요.

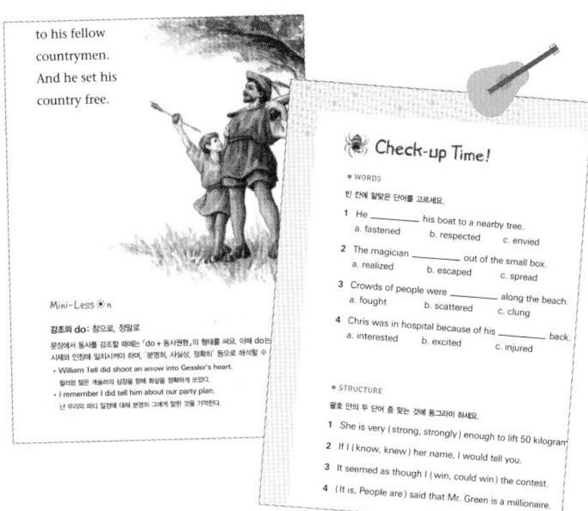
to his fellow countrymen. And he set his country free.

Mini-Lesson

강조의 do: 참으로, 정말로

문장에서 동사를 강조할 때에는 「do + 동사원형」의 형태를 써요. 이때 do는
시제와 인칭에 일치시켜야 하며, '분명히, 사실상, 정확히' 등으로 해석할 수

- William Tell did shoot an arrow into Gessler's heart.
  윌리엄 텔은 게슬러의 심장을 향해 화살을 정확하게 쏘았다.
- I remember I did tell him about our party plan.
  난 우리의 파티 일정에 대해 분명히 그에게 말한 것을 기억한다.

Check-up Time!

• WORDS

빈 칸에 알맞은 단어를 고르세요.

1 He ________ his boat to a nearby tree.
a. fastened b. respected c. envied

2 The magician ________ out of the small box.
a. realized b. escaped c. spread

3 Crowds of people were ________ along the beach.
a. fought b. scattered c. clung

4 Chris was in hospital because of his ________ back.
a. interested b. excited c. injured

• STRUCTURE

괄호 안의 두 단어 중 맞는 것에 동그라미 하세요.

1 She is very (strong, strongly) enough to lift 50 kilogram

2 If I (know, knew) her name, I would tell you.

3 It seemed as though I (win, could win) the contest.

4 (It is, People are) said that Mr. Green is a millionaire.

Mini-Lesson
너무나 중요해서 그냥 지나칠 수 없는
알짜 구문은 별도로 깊이 있게 배워요.

1 **on one's deathbed** 죽음을 앞두고, 임종의
King William lay on his deathbed and thought of his sons.
윌리엄 왕은 죽음을 앞두고 아들들에 대해 생각해 보았다.

2 **no[not] at all** 전혀 … 않다
Henry should have no land at all, only a chest of gold.
헨리는 땅을 전혀 가지지 않고, 단지 황금 한 상자만 가져야 했다.

Check-up Time!
한 chapter를 다 읽은 후 어휘, 구문,
summary까지 확실하게 다져요.

Focus on Background
작품 뒤에 숨겨져 있는 흥미로운 이야기를
읽으세요. 상식까지 풍부해집니다.

After the Story

Reading X-File 이야기 속에 등장했던
주요 구문을 재미있는 설명과 함께 다시 한번~

Listening X-File 영어 발음과 리스닝 실력을 함께
다져 주는 중요한 발음법칙을 살펴봐요.

MP3 Files
www.ybmbooksam.com에서 다운로드 하세요!

YBM Reading Library
이제 아름다운 이야기가
시작됩니다

Fifty Famous Stories

Before the Story

In the Story

Chapter 1

Chapter 2

제임스 볼드윈은…

평생을 청소년 교육과 아동문학 발전에 기여한 교육자이자 저술가로, 미국 인디애나 주에서 태어났다. 아버지 서재에 꽂혀 있는 책을 보며 독학을 한 그는 24세에 교사가 된 이후 18년간 교육자의 길을 걸었다.

교육 현장에서의 오랜 경험을 바탕으로 하퍼 앤 브라더스(Harper and Brothers), 아메리칸 북 컴퍼니(American Book Company) 등의 유명 출판사에서 교과서 저술과 편집 일을 맡아 하기도 한 볼드윈은 1882년 〈지그프리드 이야기(The Story of Siegfried)〉의 출판을 계기로 작가 활동을 시작하였다. 평소 어린이들을 위한 책의 필요성을 절감했던 그는 어린 독자들이 쉽게 읽을 수 있도록 고전 및 전기, 신화, 우화 등을 개작하는 일에 심혈을 기울였는데, 그 결과 탄생한 것이 〈50가지 재미있는 이야기(Fifty Famous Stories)〉이다.

한때 미국 어린이들이 배우는 교과서의 반 이상이 그의 저술이나 편집을 거쳤을 정도로 영향력이 컸던 볼드윈은 미국의 교육 및 아동 문학계의 권위자로 평가받고 있을 뿐 아니라, 그의 개작 작품들을 통해 지금까지 세계의 독자들에게 그 이름이 기억되고 있다.

Fifty Famous Stories

50가지 재미있는 이야기는…

오랫동안 전해져 내려오는 우화, 영웅담, 신화 등을 쉽게 개작해 엮은 이야기책이다. 알프레드 대왕, 갈릴레이, 소크라테스, 징기즈칸, 로빈 후드, 포카혼타스 등 동·서양의 유명 인물에 관한 이야기 50편이 실려 있는데, 그 중 잘 알려진 11편을 선별해 이 책에 실었다.

집 짓는 거미를 보며 인내와 용기를 배우는 왕을 그린 〈브루스와 거미(Bruce and the Spider)〉, 험한 폭풍우와 파도에 맞서 난파선의 선원들을 구해낸 등대지기 딸의 이야기 〈그레이스 달링(Grace Darling)〉, 사랑하는 가족과 친구 그리고 노동 속에서 행복을 찾는 평범한 사람의 이야기 〈디 강의 물레방앗간 주인(The Miller of the Dee)〉 등 이 책의 모든 이야기가 재미와 더불어 용기, 인내, 지혜 등의 가치를 담고 있다.

도덕과 교훈을 심어주는 좋은 책이 어린이들에게 가장 큰 기쁨과 양식이 된다고 믿었던 저자 볼드윈의 생각처럼, 이 책은 청소년 독자에게 재미와 더불어 동서양과 시대를 초월하는 감동과 교훈을 줄 뿐 아니라 역사나 문학작품, 수많은 스토리에 등장하는 이야기의 원형을 접할 수 있다는 점에서 그 가치가 큰 작품이다.

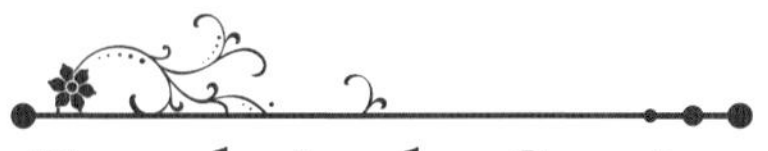

People in the Stories

King Bruce

스코틀랜드의 왕. 거미의 칠전팔기 정신을 배워 잉글랜드와의 전쟁을 승리로 이끈다.

William the Conqueror

영국의 정복왕 윌리엄. 성격이 다른 세 아들을 두고 후계자 문제로 고민한다.

Sir Walter Raleigh

영국 엘리자베스 여왕의 총애를 받은 월터 랄리 경. 감자와 담배를 아메리카에서 영국으로 들여온다.

King Maximilian

독일 바바리아의 왕. 우연히
거위치기 소년을 만나 모든 분야에
전문가가 따로 있음을 깨닫게 된다.

William Tell

스위스의 유명한 사냥꾼.
독재자 게슬러의 명령으로 아들
머리 위에 놓인 사과를 화살로
맞혀야 하는 운명에 놓인다.

Julius Caesar

로마의 황제. 황제로 등극하기
이전 로마의 1인자가 되고 싶은
야망과 자신감을 주변에 드러낸다.

Androclus

로마에서 도망친 노예. 동굴에서
가시에 찔린 사자를 도와주고
사자와 친구가 된다.

a Beautiful Invitation

– YBM Reading Library

Fifty Famous Stories

James Baldwin

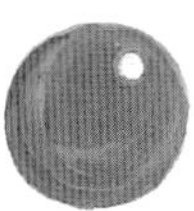

CHAPTER 1

Bruce and the Spider

브루스와 거미

Many years ago, Robert Bruce was the king of Scotland. He was a brave and a wise king. The King of England was at war with him. He led his great army into Scotland to drive Bruce from the land. Robert Bruce and his brave men fought the English army six times. And six times they were beaten. Finally his army was scattered, and he escaped to the safety of the forests and mountains.

One rainy day, Bruce was resting in a cave. He could hear the rain falling heavily outside. He was tired and ready to give up all hope. He did not know how he could win back his land.

- □ be at war with …와 전쟁 중이다
- □ drive A from B A를 B로부터 몰아내다
- □ fight …와 싸우다 (fight–fought–fought)
- □ be beaten 지다, 패배하다 (beat–beat–beaten)
- □ be scattered 흩어지다
- □ safety 안전한 곳
- □ give up 포기하다
- □ win back 되찾다
- □ weave (거미가) 집을 짓다
- □ thread 가는 줄
- □ from one beam to another 한 들보에서 다른 들보로
- □ fall short 미치지 못하다

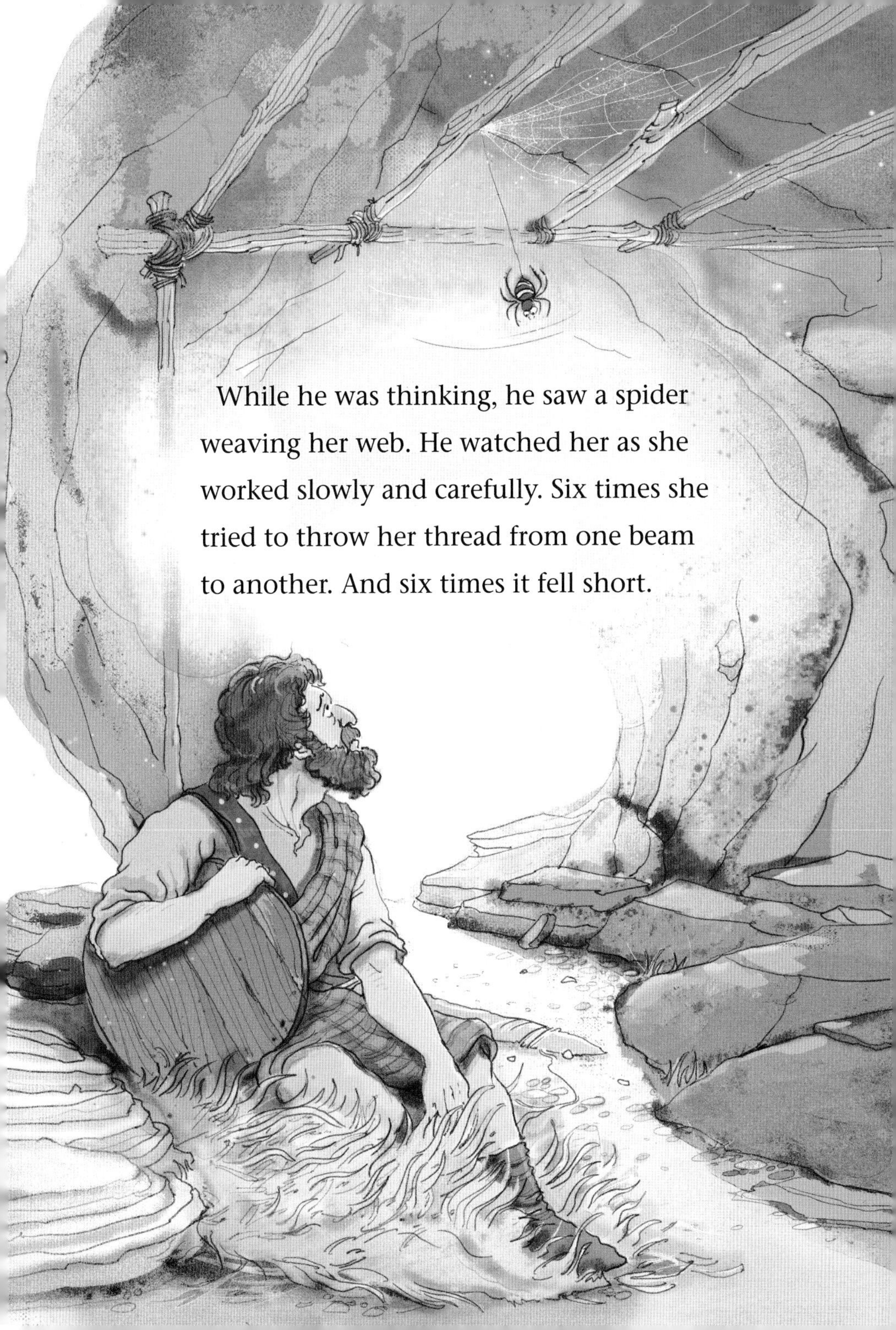

While he was thinking, he saw a spider weaving her web. He watched her as she worked slowly and carefully. Six times she tried to throw her thread from one beam to another. And six times it fell short.

"Poor thing!" said Bruce, "you also know what it is to fail."

But the spider did not give up. Robert Bruce forgot his own troubles while he watched her swing herself out on the thin line. She tried a seventh time. Would she fail again? No! This time she carried the thread safely to the beam, and fastened it there.

"I will also try a seventh time!" cried Bruce.

He called his men together and told them of his plans. Then he sent messages of hope to his unhappy people. He gathered an army of brave Scotsmen around him. For the seventh time they fought the King of England. And this time the Scottish army won and sent the English forces back across the border.

It is said that since that day, no one by the name of Bruce would ever hurt a spider. The little creature taught the king never to give up. And that lesson has never been forgotten.

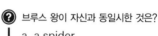

? 브루스 왕이 자신과 동일시한 것은?

a. a spider
b. a thin line
c. an army

정답 a

□ swing oneself out 휙 건너뛰다
□ fasten 고정시키다
□ Scotsman 스코틀랜드인 (= Scotchman)
□ forces 군대
□ across the border 국경 너머로
□ by the name of …라는 이름의

Mini-Lesson

It is said that절: (세상에는) …라는 말이 있다

It is said that절은 '(세상에는) …라는 말이 있다, (사람들이) …라고들 말한다'라는 뜻으로, They(People) say that절로 바꿔 쓸 수 있답니다.

- It is said that since that day, no one by the name of Bruce would ever hurt a spider.
  그날 이후로, 브루스라는 이름을 가진 사람 그 누구도 거미를 해치지 않는다는 말이 있다.
- People say that praise is the best gift. 사람들은 칭찬이 가장 좋은 선물이라고들 말한다.

Grace Darling

그레이스 달링

It was a dark September morning. The sea was stormy. A ship hit a rock off the shores of the Farne Islands and broke into two pieces. One half was[1] washed away. Some of the crew clung to the other half that lay on the rock. But the heavy waves were washing over it.

A lighthouse stood on one of the nearby islands. Grace Darling and her father lived there. Because her father was the lighthouse keeper. All through that night they listened to the storm and the cries of the drowning men.

□ stormy 폭풍우가 치는, 사나운 날씨의
□ be washed away 씻겨 떠내려가다
□ crew 선원
□ cling to …에 달라붙다 (cling–clung–clung)
□ lie 가로놓여 있다 (lie–lay–lain)
□ wash over 덮치다
□ nearby 가까운
□ lighthouse keeper 등대지기
□ drowning 물에 빠진
□ wreck 난파선(의) 잔해
□ mast 돛대

1 **break into** …로 부서지다
A ship hit a rock off the shores of the Farne Islands and broke into two pieces.
배 한 척이 판 군도 해안의 암초에 부딪쳐 두 조각으로 부서졌다.

When daylight came, Grace could see the wreck and the men clinging to the masts. But it was a mile away across the angry waters.

"We must try to save them!" she cried. "We'll take the boat out at once!"

"It's no use, Grace," said her father. "We cannot reach them."

He was an old man, and he knew the force of the mighty waves.

"But we cannot stay here and watch them die," said Grace. "We must try to save them!"

Finally her father agreed and they launched their boat into the fierce water. Grace pulled one oar, and her father pulled the other. They rowed straight toward the wreck. But it was hard rowing against such a stormy sea. It seemed as though they would[1] never reach the shipwreck.

- □ take ... out …을 꺼내다
- □ at once 곧, 즉시
- □ mighty 강력한, 거대한
- □ launch (보트 등을) 물에 띄우다
- □ fierce 거센, 사나운
- □ pull (노 · 배를) 젓다
- □ oar 노
- □ row (노를 써서) 배를 젓다
- □ straight toward …을 향해 곧장〔똑바로〕
- □ in danger 위험에 빠진
- □ drift away 떠내려가다, 표류하다
- □ steady 흔들리지 않는, 안정된
- □ howling 무시무시한, 울부짖는

1 **It seemed as though + 주어 + 과거형 동사** …인 것처럼 보였다〔생각되었다〕
It seemed as though they would never reach the shipwreck.
그들이 난파선까지 도저히 갈 수 없을 것처럼 보였다.

At last they were near the rock. But they were in great danger. Their boat could easily drift away or be broken on the sharp rocks. Grace fought bravely to keep the boat steady in the howling wind and wild seas.

Her father climbed onto the wreck. And one by one[1] the exhausted sailors were helped on board his boat.

The sailors grasped the oars and rowed them all to the safety of the lighthouse. Grace gently nursed the injured men until they were strong enough to return home.

Grace Darling is buried in a little churchyard by the sea, not far from the old lighthouse. Every year many people visit her grave. A statue has been placed there in honor of the brave young woman.[2] It is of a woman lying at rest, holding a boat's oar in[3] her right hand. The statue tells of the noble deeds which made Grace Darling famous. All this happened a long time ago, but the name of Grace Darling will never be forgotten.

- □ one by one 한 사람씩, 차례로
- □ exhausted 지칠 대로 지친
- □ grasp 단단히 잡다, 움켜 쥐다
- □ nurse 간호하다, 보살피다
- □ injured 상처 입은, 부상한
- □ churchyard (교회 부속의) 묘지
- □ statue 상, 조각상
- □ noble 고귀한
- □ deed 업적, 공적

1 **climb onto** …위로 기어올라가다
Her father climbed onto the wreck.
그레이스의 아버지는 난파선의 잔해 위로 기어올라갔다.

2 **in honor of** …에게 경의를 표하여

A statue has been placed there in honor of the brave young woman.

이 용감한 처녀에게 경의를 표하여 그곳에 동상이 놓여져 있다.

3 **at rest** 쉬고 있는, 잠들어

It is of a woman lying at rest, holding a boat's oar in her right hand.

오른 손에 노를 잡은 채 누워서 쉬고 있는 여인의 동상이다.

Mini-Lesson

형용사(A) + enough to + 동사원형(B): B할 만큼 충분히 A한

형용사 뒤에 「enough to + 동사원형」이 오면 '…할 만큼 충분히 ~한'이라는 뜻이 된답니다.

- Grace gently nursed the injured men until they were strong enough to return home.
  그레이스는 다친 사람들이 집으로 돌아갈 수 있을 만큼 충분히 건강해질 때까지 친절하게 간호했다.
- He was not still tall enough to ride the roller coaster.
  그는 롤러 코스터를 탈 만큼 충분히 키가 크지 않았다.

The Miller of the Dee

디 강의 물레방앗간 주인

Once upon a time, a miller lived on the banks of the River Dee. He was the happiest man in England. He was always busy from morning till night, and he was always singing. He was so cheerful that he made everybody else cheerful. People all over the land talked about his pleasant ways.

At last the King heard about him.

"I will talk with this wonderful miller," said the King. "Perhaps he can tell me how to be happy."

As soon as he reached the mill, the King heard the 1
miller singing.

"I envy nobody, no, not I!
For I am as happy as I can be, 2
And nobody envies me."

□ miller 물레방앗간 주인
□ bank 강변
□ from morning till night 아침부터 밤까지, 하루 종일
□ cheerful 명랑한, 쾌활한
□ all over the land 방방곡곡
□ pleasant 즐거운, 기분 좋은
□ hear about …에 관해 듣다
□ mill 물레방아
□ envy 부러워하다

1 **as soon as** …하자마자

As soon as he reached the mill, the King heard the miller singing.

물레방앗간에 도착하자마자, 왕은 물레방앗간 주인이 노래하는 것을 들었다.

2 **as + 형용사 + as + 주어 + can be** …가 더없이(그지없이) ~한

For I am as happy as I can be. 왜냐하면 나는 더없이 행복하기 때문이지.

"You are wrong, my friend," said the King. "I envy you. I wish I was as happy as you are. I would gladly change places with you."

The miller smiled and bowed to the King.

"I could not change places with you, sir," he said.

"Tell me," said the King, "what makes you so happy here in your dusty mill? I am a King but I am sad and in trouble every day." [1]

"I do not know why you are sad," said the miller. "But I can easily tell you why I am glad. I love my wife and my children. I love my friends and they love me. And I do not owe a penny to any man. [2] The River Dee turns my mill. And the mill grinds the corn that feeds my wife, my babies and me."

□ change places with …와 지위를 바꾸다
□ bow 고개 숙여 인사하다
□ dusty 먼지투성이의
□ penny ① (영국의 화폐 단위) 페니 ② (부정문) 한 푼
□ grind 찧다, 갈아서 가루로 만들다
□ feed 먹여 살리다

1 **in trouble** 근심에 쌓인, 곤경에 빠진
But I am sad and in trouble every day.
그렇지만 난 날마다 슬프고 근심에 쌓여 있어.

2 **owe A to B** B에게 A를 빚지고 있다
And I do not owe a penny to any man.
그리고 전 그 누구에게도 빚을 지고 있지 않아요.

"Then stay where you are, and be happy," said the King. "Your dusty cap is worth more than my golden crown. Your mill does more for you than my Kingdom does for me. This world would be a better place if there were more men like you! Goodbye, my friend!"

□ worth …의 가치가 있는
□ more than …이상의
□ kingdom 왕국
□ sadly 슬프게, 애처롭게

1 **go back to one's work** 하던 일을 계속(다시) 하다
The King walked sadly away and the miller went back to his work.
왕은 슬프게(힘없이) 그 자리를 떠났고 물레방앗간 주인은 하던 일을 계속했다.

The King walked sadly away and the miller went [1] back to his work. And as he worked, the miller sang. [2]

"Oh, I'm as happy as happy can be,
For I live by the side of the River Dee!"

2 **as** (접속사) …하면서
And as he worked, the miller sang.
그리고 일을 하면서, 방앗간 주인은 노래했다.

Mini-Lesson

See p.108

가정법 과거: 만약 …라면, ~할 텐데

'만약 …라면, ~할 텐데'라고 현재의 사실과 반대되는 상황을 가정할 경우 가정법 과거 구문을 써요. 「If+주어+과거동사, 주어+would+동사원형」의 형태로 말이에요.

- This world would be a better place if there were more men like you!
  만약 너 같은 사람이 더 많다면, 세상은 더 멋진 곳이 될 텐데!
- If I had money, I would travel in southern Europe!
  만약 나에게 돈이 있다면, 남유럽으로 여행을 갈 수 있을 텐데!

Check-up Time!

• WORDS

빈 칸에 알맞은 단어를 고르세요.

1 He __________ his boat to a nearby tree.
a. fastened b. respected c. envied

2 The magician __________ out of the small box.
a. realized b. escaped c. spread

3 Crowds of people were __________ along the beach.
a. fought b. scattered c. clung

4 Chris was in hospital because of his __________ back.
a. interested b. excited c. injured

• STRUCTURE

괄호 안의 두 단어 중 맞는 것에 동그라미 하세요.

1 She is very (strong, strongly) enough to lift 50 kilograms.

2 If I (know, knew) her name, I would tell you.

3 It seemed as though I (win, could win) the contest.

4 (It is, People are) said that Mr. Green is a millionaire.

ANSWERS

Words | 1. a 2. b 3. b 4. c
Structure | 1. strong 2. knew 3. could win 4. It is

• COMPREHENSION

본문의 내용과 일치하면 T에, 일치하지 않으면 F에 ∨ 표 하세요.

		T	F
1	Robert Bruce was the King of England.	☐	☐
2	A spider succeeded in making a web the seventh time.	☐	☐
3	Grace wanted to save some crew members.	☐	☐
4	Grace is buried in the old lighthouse by the sea.	☐	☐

• SUMMARY

빈 칸에 알맞은 말을 보기에서 골라 이야기를 완성하세요.

sadly	miller	family	happily

Once upon a time, there lived a ________ on the banks of the River Dee. People all over said he was the happiest man in the land. The King heard about the miller, and he went to visit him. The miller was singing ________. The King asked why he was always happy. The miller answered he loved his ________ and he had the mill to grind the corn that fed his family. After he heard the miller, the King walked ________ away for his palace.

ANSWERS

Comprehension | 1. F 2. T 3. T 4. F
Summary | miller, happily, family, sadly

Julius Caesar

줄리어스 시저

About two thousand years ago, a man named Julius Caesar lived in Rome. He was the greatest of all the Romans. Why was he so great? Because he was a brave warrior, and he had conquered many countries for Rome. He knew how to make men love him and fear him.

He made himself the ruler of Rome. Some people
said that he wished to become the King of Rome.
But the Romans at that time did not believe in 1
Kings.

Once, when Caesar was passing through a little 2
country village, all the villagers came out to see him.

□ brave 용감한, 용맹한
□ warrior 전사, 용사
□ conquer (나라 · 영토를) 정복하다
□ fear 두려워하다
□ make oneself …가 되다
□ at that time 그 당시에는
□ come out 나오다

1 **believe in** …가 좋다고 생각하다
But the Romans at that time did not believe in Kings.
하지만, 그 당시에 로마 사람들은 왕이란 걸 좋다고 생각하지 않았다.

2 **pass through** 지나가다, 통과하다
When Caesar was passing through a little country village, all the villagers came out to see him.
시저가 작은 마을을 지나갈 때, 그 마을 사람들 모두가 그를 보기 위해 몰려 나왔다.

Mini-Lesson

형용사의 최상급

'가장 …한'이라는 형용사의 최상급을 나타낼 때는 「the+형용사+-est」를 씁니다.
단, 형용사가 3음절 이상인 경우에는 「the most+형용사」로 하면 된답니다.

- He was the greatest of all the Romans. 그는 모든 로마인들 중 가장 위대했다.
- The peacock is the most beautiful animal in the amusement park.
  공작새가 그 놀이 공원에서 가장 아름다운 동물이다.

There were about fifty of them and they were led by their mayor. The people stood by the roadside [1] and watched Caesar pass. The mayor looked very proud and happy. He was the ruler of this village. He thought he was almost as great as Caesar. Some of the officers who were with Caesar laughed.

"That mayor is very proud of himself and his [2] people! He is just the head of a tiny flock," they said.

"Laugh if you will," said Caesar. "He has a good [3] reason to be proud. It is better to be the head man of a small village than the second-best man in Rome!"

□ mayor 촌장
□ roadside 길가
□ officer 지휘관, 관리
□ tiny (사람 · 물건들이) 아주 작은
□ flock 사람들의 무리
□ second-best 둘째의, 2위의

1 **stand by** …옆에 서 있다, …의 근처에 있다
The people stood by the roadside and watched Caesar pass.
사람들이 길 옆에 서서 마을을 지나가는 시저를 지켜보았다.

2 **be proud of** …을 자랑스럽게 생각하다
That mayor is very proud of himself and his people!
저 촌장은 자신과 마을 사람들을 매우 자랑스럽게 생각하나 보군!

3 **if you will** 하고 싶으면, 원하면
"Laugh if you will," said Caesar.
"비웃고 싶으면 마음대로 비웃어라." 시저가 말했다.

At another time, Caesar was crossing a narrow sea[1] in a boat. When he was halfway across, a storm began to blow. The wind blew hard, and the waves grew high. The lightning flashed and the thunder rolled. Everyone on the boat thought it would sink.

The captain was very frightened. He had crossed the sea many times, but never in such a storm. He could not guide the boat. He fell down to his knees and cried, "All is lost. The boat will sink. We will all drown!" But Caesar was not afraid. He told the man to get up and pull hard on his oars.[2]

"Why are you afraid?" said Caesar. "The boat will not sink with me on board."

□ halfway across 중간쯤 건넜을 때
□ blow (바람이) 불다
□ lightning 번개
□ flash 번쩍이다
□ roll (천둥이) 쿵쿵 울리다
□ sink 가라앉다, 침몰하다
□ frightened 겁에 질린
□ fall down to one's knees 주저앉다
□ drown 물에 빠지다
□ afraid 두려워하여, 무서워하여
□ on board 배에 타고 있는

1 **at another time** 또 한 번은

At another time, Caesar was crossing a narrow sea in a boat.
또 한 번은, 시저가 배를 타고 해협을 건너고 있었다.

2 **pull hard on one's oars** 힘껏(세차게) 노를 젓다

He told the man to get up and pull hard on his oars.
시저는 선장에게 일어나 힘껏 노를 저으라고 명령했다.

The Blind Men and the Elephant 장님과 코끼리

Once, there were six blind men who stood by the roadside every day. They begged for food and money from the people who passed by. They had often heard of elephants, but they had never seen one, [1] because they were blind.

One morning, an elephant was driven down the road. The elephant stopped in front of the men. When they were told that the great beast was in [2] front of them, they asked the driver if they might see it.

1 **hear of** …에 관한 이야기를 듣다
They had often heard of elephants, but they had never seen one, because they were blind.
그들은 종종 코끼리에 관한 이야기를 들었지만, 한번도 본 적이 없었다. 왜냐하면 장님이었기 때문이다.

2 **be told that절** …라는 말(이야기)을 듣다
When they were told that the great beast was in front of them, they asked the driver.
그 거대한 짐승이 바로 자기들 앞에 있다는 말을 들은 장님들은 코끼리를 몰고 가던 사람에게 코끼리를 구경시켜 달라고 부탁했다.

Of course, they could not see the elephant with their eyes. But they could touch it. And their hands would tell them what kind of animal it was.

□ blind 눈 먼, 장님의	□ beast 짐승
□ beg for …을 구걸하다	□ driver 몰이꾼
□ drive (소 · 말 등을) 몰다	□ tell 알려주다

The first man put his hand on the elephant's side.

"Well, well!" he said. "Now I know all about this beast. He is exactly like a wall."

The second man felt only the elephant's tusk.

"Actually, my brother," he said, "you are mistaken. He is not like a wall. He is round and smooth and sharp. He is like a spear."

The third man felt the elephant's trunk.

"Both of you are wrong," he said. "This elephant is like a snake. Anyone can see that."

The fourth man put his arms around one of the elephant's legs.

"Oh, how blind you all are!" he said. "It is obvious that an elephant is as round and tall as a tree."

The fifth man was very tall, and he took hold of 1
the elephant's ear.

"Hey guys, an elephant is not like any of the things you said," he cried. "He is exactly like a huge fan."

□ side 측면, 옆면
□ well (놀람 · 망설임) 이런, 글쎄
□ tusk 엄니, 송곳니
□ mistaken 틀린, 잘못 생각하고 있는
□ spear 창, 투창
□ trunk 코끼리의 코
□ obvious 명백한, 분명한
□ huge 거대한

1 **take hold of** …을 잡다(쥐다)

The fifth man was very tall, and he took hold of the elephant's ear.

다섯 번째 장님은 키가 아주 컸기에 코끼리의 귀를 잡았다.

It took the sixth man some time before he could [1] find the elephant at all. At last he seized the animal's tail.

"Oh, you foolish men!" he cried. "You are all wrong. This elephant is not like a wall, or a spear, or a snake, or a tree. And he is not like a fan. Anyone can see that he is exactly like a rope."

Then the elephant moved on. The six blind men sat by the roadside all day and quarreled about the elephant.

□ seize 꽉 쥐다, 붙잡다
□ tail 꼬리
□ exactly 정확히
□ move on 계속 앞으로 걸어가다〔나아가다〕
□ quarrel about …로 말다툼을 벌이다
□ silly 어리석은, 바보 같은

Each man believed that he knew just how the animal looked. And each called the others fools because they did not agree with him. [2]

People who have eyes are sometimes just as silly as these six blind men.

1 **take + 사람(A) + 시간(B)** A에게 B의 시간이 걸리다
It took the sixth man some time before he could find the elephant at all.
여섯 번째 장님은 코끼리가 어디 있는지 찾는 데도 한참의 시간이 걸렸다.

2 **agree with** …와 의견이 일치하다
And each called the others fools because they did not agree with him.
그들은 상대방과 의견이 일치하지 않는다고 서로를 바보라고 했다.

The Story of William Tell

윌리엄 텔 이야기

Many years ago, the people of Switzerland were ruled by a man called Gessler. He was a cruel man and the people were not free or very happy.

One day Gessler set up a tall pole in the public square and put his hat on the top of it. Then he ordered that every man who came into the town must bow down before it.

But there was one man that refused to bow. His
name was William Tell. He stood with folded arms, 1
and laughed at the hat on the pole. When Gessler heard of this, he was very angry. He made up his mind to punish William Tell.

□ cruel 잔혹한, 무정한
□ set up …을 세우다
□ pole 장대
□ public square 광장
□ on the top of …의 꼭대기에
□ bow down before …의 앞에 머리를 숙이다
□ refuse to + **동사원형** …하기를 거부하다
□ punish 벌하다, 처벌하다

1 **with folded arms** 팔짱을 끼고(=with one's arms folded)
He stood with folded arms, and laughed at the hat on the pole.
그는 팔짱을 끼고 서서 장대에 걸린 모자를 비웃었다.

William Tell was a famous hunter who lived in the
mountains. No one in all the land could shoot with
a bow and arrow as well as William. Gessler knew 1
this, so he thought of a cruel plan. He ordered
William's little son to stand in the public square 2
with an apple on his head. Then he told William to
shoot the apple with one of his arrows.

"What if my son moves?" said William to himself. 3

"What if the wind blows the arrow the wrong way? I might kill my son."

He begged Gessler not to test his skill this way.

"Do as I say!" said Gessler. "You must hit the apple with one arrow. If you fail, my soldiers will kill your son while you watch."

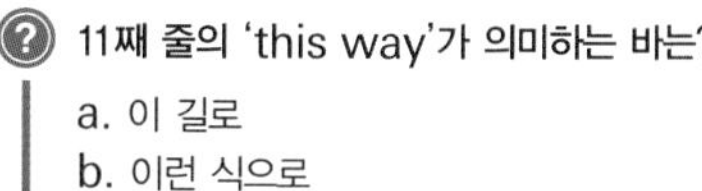

11째 줄의 'this way'가 의미하는 바는?
a. 이 길로
b. 이런 식으로
c. 이쪽으로

1 **as well as** …만큼 잘
No one in all the land could shoot with a bow and arrow as well as William.
윌리엄만큼 화살을 잘 쏠 수 있는 사람이 전국에 아무도 없었다.

□ bow 활
□ arrow 화살
□ think of …을 생각해내다
□ say to oneself 중얼거리다
□ the wrong way 잘못된〔엉뚱한〕 방향으로

2 **order + 목적어(A) + to + 동사원형(B)** A에게 B하라고 명령하다
He ordered William's little son to stand in the public square with an apple on his head.
그는 윌리엄의 어린 아들에게 사과를 머리 위에 올려놓고 광장에 서 있으라고 명령했다.

3 **what if...?** 만약 …하면 어떻게 되지?
What if my son moves?
만약 아들이 움직인다면 어떻게 되지?

William Tell said no more. He fitted the arrow to his bow. He took aim and let the arrow fly. His son stood firm and still. He was not afraid. He had faith in his father's skill.

William's arrow whistled through the air. It struck the apple in the center and split it in two. The people who watched shouted with joy.

As William walked toward his son, an arrow dropped from his pocket to the ground.

"William Tell!" cried Gessler, "why do you have another arrow?"

"Tyrant!" said Tell proudly, "this arrow was for you! If I had hurt my son, I would have shot this[1] arrow into your heart."

- □ fit A to B A를 B에 끼우다
- □ take aim 조준하다
- □ firm 굳건한
- □ still 가만히 있는
- □ have faith in …을 굳게 믿다
- □ whistle through the air 공기를 가르며 날아가다
- □ strike 맞추다 (strike–struck–struck)
- □ split ... in two …을 두 쪽으로 쪼개다 (split–split–split)
- □ tyrant 폭군
- □ not long after this 그로부터 머지 않아
- □ set ... free …을 해방시키다

1 **If + 주어 + had + 과거분사, 주어 + would/could/might + have + 과거분사**
만약 …했다면, ~하였을 것이다
If I had hurt my son, I would have shot this arrow into your heart. 만약 내 아들이 다쳤다면, 이 화살로 네 심장을 꿰뚫어 버릴 생각이었다.

Legend says that not long after this, William Tell did shoot an arrow into Gessler's heart. He became a hero to his fellow countrymen. And he set his country free.

Mini-Lesson

See p.109

강조의 do: 참으로, 정말로

문장에서 동사를 강조할 때에는 「do + 동사원형」의 형태를 써요. 이때 do는 원래 동사의 시제와 인칭에 일치시켜야 하며, '분명히, 사실상, 정확히' 등으로 해석할 수 있어요.

- William Tell did shoot an arrow into Gessler's heart.
  윌리엄 텔은 게슬러의 심장을 향해 화살을 정확하게 쏘았다.
- I remember I did tell him about our party plan.
  난 우리의 파티 일정에 대해 분명히 그에게 말한 것을 기억한다.

Check-up Time!

• WORDS

빈 칸에 알맞은 단어를 보기에서 골라 써 넣으세요.

seized	refused	punished	quarreled

1 My two younger brothers __________ whenever they met.

2 Teachers __________ their students in order to teach this lesson.

3 Suddenly he __________ my hand, and ran fast.

4 She __________ to give some money to the beggar.

• STRUCTURE

알맞은 최상급을 골라 문장을 완성하세요.

1 Mike is the (strongest, most strong) boy in the class.

2 The black robot is the (expensivest, most expensive) in this market.

3 She bought the (cheapest, most cheap) pink dress for her baby.

4 She is one of the (beautifulest, most beautiful) actresses in that country.

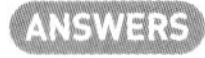

ANSWERS

Words | 1. quarreled 2. punished 3. seized 4. refused
Structure | 1. strongest 2. most expensive 3. cheapest 4. most beautiful

● COMPREHENSION

본문의 내용과 일치하면 T에, 일치하지 않으면 F에 ∨ 표 하세요.

		T	F
1	Julius Caesar made himself the ruler of England.	☐	☐
2	A storm began to blow when Caesar was halfway across.	☐	☐
3	The blind men wanted to feel an elephant.	☐	☐
4	Every blind man said that the elephant is exactly like a huge fan.	☐	☐

● SUMMARY

빈 칸에 알맞은 말을 보기에서 골라 이야기를 완성하세요.

hat	pole	arrow	head

Gessler was a cruel man who lived in Switzerland. He set up a tall ________ in the public square and put his ________ on the top of it. Then he ordered people to bow down. But a man named William Tell refused to bow. So Gessler decided to punish him. He ordered William's son to stand in the public square with an apple on his ________. Then he told William to shoot the apple with an ________. He shot one arrow, and it struck the apple in the center.

ANSWERS

Comprehension | 1. F 2. T 3. T 4. F
Summary | pole, hat, head, arrow

CHAPTER 3

The Sons of William the Conqueror

정복왕 윌리엄의 아들들

There was once a great King of England named William the Conqueror.★ 정복자 윌리엄. 프랑스인으로 1066년에 영국을 정복하여 왕위에 올랐어요.

King William had three teenage sons. One day, he seemed to be thinking of something. So his wise men asked him what was the matter. [1]

"I am thinking about my sons," said the King.

"What will they do after I am dead? I don't know which one of the three should be the King when I am gone."

"King William," said one of the wise men, "let us discover the things your sons most admire. We will ask each of them a few questions. Then we may be able to tell what kind of men they will be. That way, we will know which one will be the best King."

1 **what was the matter** 무슨 일인지
So his wise men asked him what was the matter.
그래서 현자들은 왕에게 무슨 일인지 물었다.

"That is a good plan," said the King. "Ask the boys whatever you want to ask them."[2]

The wise men agreed that the young princes should be questioned one at a time.[3] And they would ask each prince the same questions.

- ☐ conqueror 정복자
- ☐ teenage 십대의
- ☐ discover 알아내다, 밝히다
- ☐ admire 높이 평가하다
- ☐ question …에게 질문하다

2 **whatever + 주어(A) + 동사(B)** A가 B하는 것은 무엇이든지

Ask the boys whatever you want to ask them.

왕자들에게 너희가 묻고 싶은 것은 무엇이든지 물어보도록 하여라.

3 **one at a time** 한 번에 한 사람씩

The wise men agreed that the young princes should be questioned one at a time.

현자들은 어린 왕자들을 한 번에 한 사람씩 불러서 질문하기로 합의했다.

The first boy who came into the room was Robert. He was a tall and strong lad. So he was nicknamed [1] the Short Stocking.★ 다리가 기니까 상대적으로 스타킹이 짧게 보여서 이런 별명이 붙여졌네요.

"Answer this question, Prince Robert," said one of the wise men. "If you were a bird instead of a prince, what kind of a bird would you like to be?" [2]

"That is easy," answered Prince Robert. "I would like to be a hawk, because a hawk reminds me of a [3] bold and gallant knight."

- ☐ lad 젊은이, 청년
- ☐ instead of …대신에
- ☐ what kind of 어떤 (종류의) (= what sort of)
- ☐ hawk 매
- ☐ bold 대담한, 용감한
- ☐ gallant 용맹한, 씩씩한
- ☐ knight 기사(騎士); 무사

1 **be nicknamed** …라는 별명이 있다

He was nicknamed the Short Stocking.

그는 쇼트 스타킹이라는 별명이 있었다.

2 **If + 주어 + 과거동사, 주어 + would/might/could + 동사원형**

(현재의 사실과 반대되는 가정) 만약 …라면, ~할 것이다

If you were a bird instead of a prince, what kind of a bird would you like to be?

만약 왕자님께서 왕자가 아니라 새라면, 어떤 종류의 새가 되고 싶으십니까?

3 **remind A of B** A에게 B가 생각나게 하다

I would like to be a hawk, because a hawk reminds me of a bold and gallant knight.

나는 매가 되고 싶어. 매는 나에게 대담하고 용맹한 기사를 생각나게 하거든.

Next Prince William came. William was his father's pet. His face was merry and round. And he had red hair. Because of his red hair, he was nicknamed Rufus.★ 빨간 머리카락 혹은 빨간 턱수염이라는 뜻으로 라틴어에서 유래했어요.

"Prince William," said one of the wise men, "answer this question. If you were a bird instead of a prince, what kind of a bird would you like to be?"

"I would like to be an eagle because it is so strong and brave," said William. "An eagle is feared by other birds, so it is the King of them all." 1

□ pet 귀염둥이, 특히 좋아하는 사람
□ merry 즐거운, 인상이 좋은
□ eagle 독수리
□ scholar 학자
□ starling (조류) 찌르레기
□ good-mannered 예의 바른
□ joy to …에게 기쁨을 가져다 주는 것
□ rob 약탈하다, 훔치다
□ neighbor 이웃하는 것

Finally, the youngest brother, Henry came. He liked to read and write, so he was nicknamed the Handsome Scholar.

"Prince Henry," said another of the wise men, "answer this question. If you were a bird instead of a prince, what kind of a bird would you like to be?"

"A starling," said Henry. "I would like to be a starling, because it is kind and good-mannered. A starling is a joy to everyone who sees it. And it never tries to rob or hurt its neighbors."

What kind of a bird would William like to be?

a. a hawk
b. an eagle
c. a starling

정답 b

1 **be feared by** …의 경외의 대상이다, …가 두려워하는 대상이다
An eagle is feared by other birds, so it is the King of them all.
독수리는 다른 새들의 경외의 대상이지. 그래서 모든 새들의 왕이지.

Then the wise men talked with one another for a little while. When they agreed with one another, they came to speak to the King.

"Your eldest son, Robert, will be bold and gallant," they said. "He will do some great deeds and be famous. However his enemies will capture him and he will die in prison."

"Your second son, William, will be as brave and strong as an eagle," they said. "But he will be feared and hated for his cruel deeds. He will lead a wicked life and will die a shameful death." 1

"What about Henry?" said King William.

"Henry will be wise and peaceful," they said. "He will go to war only when his enemies make war on 2
him. He will be loved by his people and respected abroad. And he will die in peace after gaining great wealth and land."

- □ eldest 가장 나이가 많은
- □ deed 업적, 공적
- □ capture 생포하다
- □ die in prison 수감 중 죽다
- □ lead (세월을) 보내다, 지내다 (lead-led-led)
- □ wicked 사악한, 부도덕한
- □ shameful 부끄러운, 치욕스러운
- □ peaceful 평화로운, 태평한
- □ go to war 출정하다
- □ be respected 존경 받다, 중요시하다
- □ abroad 해외에, 국외에

1 **lead a ... life** …한 삶을 살다

He will lead a wicked life and will die a shameful death.

그는 악인의 삶을 살다가 명예롭지 못하게 생을 마칠 겁니다.

2 **make war on** …와 전쟁을 시작하다

He will go to war only when his enemies make war on him.

그는 그의 적들이 그와 전쟁을 할 때만 출정할 것입니다.

Mini-Less☀n

in : …한 상태로

전치사 in 다음에 명사가 오면 그 명사와 같은 상태에 있다는 것을 나타내요. 여기서는 in 다음에 peace(평화)가 쓰여서 평화로운 상태에, 즉 '평화롭게'라는 뜻이 되었어요.

- And he will die in peace after gaining great wealth and land.
  그리고 그는 많은 부와 땅을 얻은 후 평화롭게 죽을 것입니다.
- It is said that he lived in poverty. 그가 가난하게 살았다는 말이 있다.

Many years later, King William lay on his deathbed [1] and thought of his sons. They were now adults. He wondered what would happen to them after his death. Then he remembered what the wise men had told him.

So he gave Robert the lands that he owned in France. He said that William should be the King of England. And Henry should have no land at all, [2] only a chest of gold.

- □ lie 눕다 (lie–lay–lain)
- □ deathbed 임종, 죽음의 자리
- □ adult 성인
- □ wonder …이 궁금하다
- □ own 소유하다
- □ a chest of gold 황금 한 상자

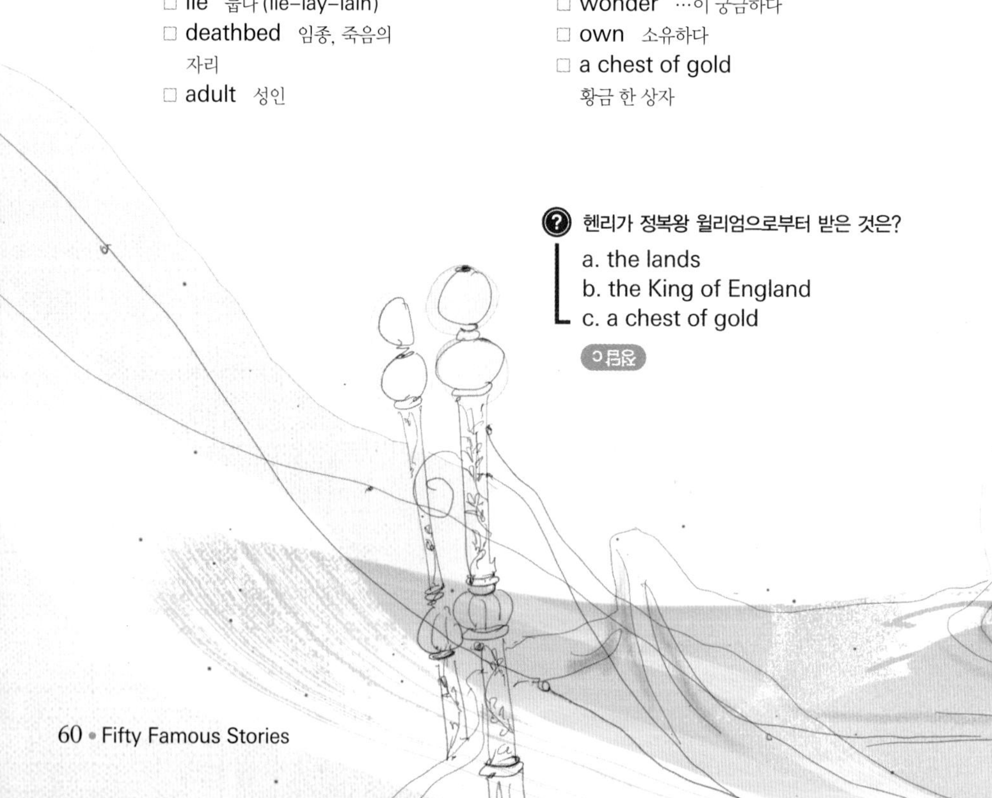

? 헨리가 정복왕 윌리엄으로부터 받은 것은?

a. the lands
b. the King of England
c. a chest of gold

정답 c

1 **on one's deathbed** 죽음을 앞두고, 임종의

King William lay on his deathbed and thought of his sons.

윌리엄 왕은 죽음을 앞두고 아들들에 대해 생각해 보았다.

2 **no〔not〕 at all** 전혀 … 않다

Henry should have no land at all, only a chest of gold.

헨리는 땅을 전혀 가지지 않고, 단지 황금 한 상자만 가져야 했다.

Years went by and everything happened as the wise men had said it would.

Robert, the Short Stocking, was bold and reckless, like the hawk that he admired. He lost all the lands that his father left him. Then he was shut up in prison and died there. 1

William Rufus was so cruel that he was feared and hated by all his 2 people. He led a wicked life. Then one of his men killed him while they were hunting in the forest.

□ go by (시간 따위가) 경과하다
□ reckless 무모한, 앞뒤를 가리지 않는
□ leave 물려주다, 남겨주다 (leave–left–left)
□ be shut (문 등이) 닫히다 (shut–shut–shut)
□ retake 되찾다 (retake–retook–retaken)

And Henry, the Handsome Scholar, became the King of England after William Rufus's death. He also retook all the lands that his father had once owned in France.

1 **be shut up in prison** 수감되다
Then he was shut up in prison and died there.
그리고나서 그는 수감되어 그 안에서 생을 마쳤다.

2 **so + 형용사(A) + that절(B)** 너무나 A해서 B하다
William Rufus was so cruel that he was feared and hated by all his people. 윌리엄 루퍼스는 너무나 잔인해서 온 백성의 두려움과 미움을 받았다.

Mini-Lesson

as : (접속사) …와 같이, …대로

as는 '…와 같이, …대로'라는 뜻으로 앞과 같은 상황을 다시 말할 때 쓰인답니다.

- Years went by and everything happened as the wise men had said it would.
  몇 년이 지나고 모든 것들이 현인들이 말했던 그대로 일어났다.
- He passed the exam as I expected. 그는 내가 기대한 대로 시험에 합격했다.

• WORDS

빈 칸에 알맞은 단어를 고르세요.

1 The __________ policeman caught the thief.

a. wicked　　b. gallant　　c. bored

2 His brave __________ served as a pattern for others.

a. deed　　b. secret　　c. order

3 After winning the match, the team __________ their trophy.

a. robbed　　b. reminded　　c. retook

4 He was a very __________ driver so caused many car accidents.

a. peaceful　　b. reckless　　c. merry

• STRUCTURE

괄호 안의 단어를 알맞게 배열해 문장을 다시 쓰세요.

1 My father always buys my sister (she, whatever, wants).

____

2 Love your parents and friends (they, you, love, as).

____

ANSWERS

Words | 1. b 2. a 3. c 4. b

Structure | 1. My father always buys my sister whatever she wants.

2. Love your parents and friends as they love you.

● COMPREHENSION

다음은 누가 한 말일까요? 그림 밑에 번호를 적어 넣으세요.

☐ ☐ ☐

1 "I would like to be an eagle because it is so strong."

2 "A hawk reminds me of a bold and gallant knight."

3 "A starling never tries to rob or hurt its neighbors."

● SUMMARY

빈 칸에 알맞은 말을 보기에서 골라 이야기를 완성하세요.

wise	best	great	teenage

There was once a __________ King of England named William the Conqueror. He had three __________ sons. "Who will be the King after I am dead?" worried King William. So his __________ men asked each prince the same questions. And then, the men told King William that Henry, the youngest son, was __________ fit for the King. Many years later, Henry became the King of England.

ANSWERS

Comprehension | 로버트: 2 윌리엄: 1 헨리: 3

Summary | great, teenage, wise, best

정복자 윌리엄의 여러 아들 중 헨리가 왕이 됩니다. 헨리 왕에게도 차기 후계자로 용감한 아들이 있었지만 비극적인 사고로 죽고 말지요. 어떤 사고였는지 알아볼까요?

헨리 왕의 아들

King Henry's Son

King Henry was the youngest son of William the Conqueror. He had one son, also named William. Everybody expected brave William to rule England some day.

One summer, King Henry and Prince William sailed to France. The young prince was very popular there and made many friends. But at last, it was time for them to return home. King Henry sailed in the morning. William would sail later with his friends.

That evening, William, his sister and friends set sail in a beautiful ship. About two hours later, the ship struck a rock and began sinking. The prince and his friends leaped into a small lifeboat. Then William heard his sister crying for help. The lifeboat went back to rescue her. Suddenly, the ship sank beneath the waves, upturning the lifeboat. Everyone aboard was drowned.

After King Henry heard of William's death, he never smiled again. If he hadn't died, would William have been a great King of England?

헨리 왕은 정복자 윌리엄의 막내 아들이었다. 그에게는 윌리엄이라 불리는 아들이 하나 있었다. 사람들은 모두 용감한 윌리엄이 언젠가는 영국을 통치하게 되기를 기대하고 있었다.

어느 해 여름, 헨리 왕과 윌리엄 왕자는 프랑스로 항해를 떠났다. 어린 윌리엄 왕자는 그 곳에서 인기가 많았으며, 친구도 많이 사귀었다. 그러나 마침내 그들이 고향(영국)으로 돌아가야 할 때가 되었다. 헨리 왕은 아침에 배를 타고 떠났다. 윌리엄 왕자는 이 후에 친구들과 함께 뒤따라 항해할 예정이었다.

그 날 저녁, 윌리엄 왕자와 그의 여동생, 친구들이 아름다운 배에 올랐다. 약 두 시간 정도가 지난 후, 배는 암초에 부딪혀 가라앉기 시작했다. 윌리엄 왕자와 그의 친구들은 작은 구명보트에 올라탔다. 그 때 윌리엄 왕자는 도와달라고 외치는 여동생의 고함소리를 들었다. 구명보트는 그녀를 구하러 방향을 돌렸다. 갑자기 배가 파도 아래로 가라앉았고, 이로 인해 구명보트는 전복되었다. 구명보트와 배에 타고 있던 사람들은 모두 물에 빠져 죽었다.

아들 윌리엄의 죽음을 들은 헨리 왕은 이후 다시는 웃지 않았다.

만약 윌리엄 왕자가 죽지 않았다면, 그는 영국의 위대한 왕이 되었을까?

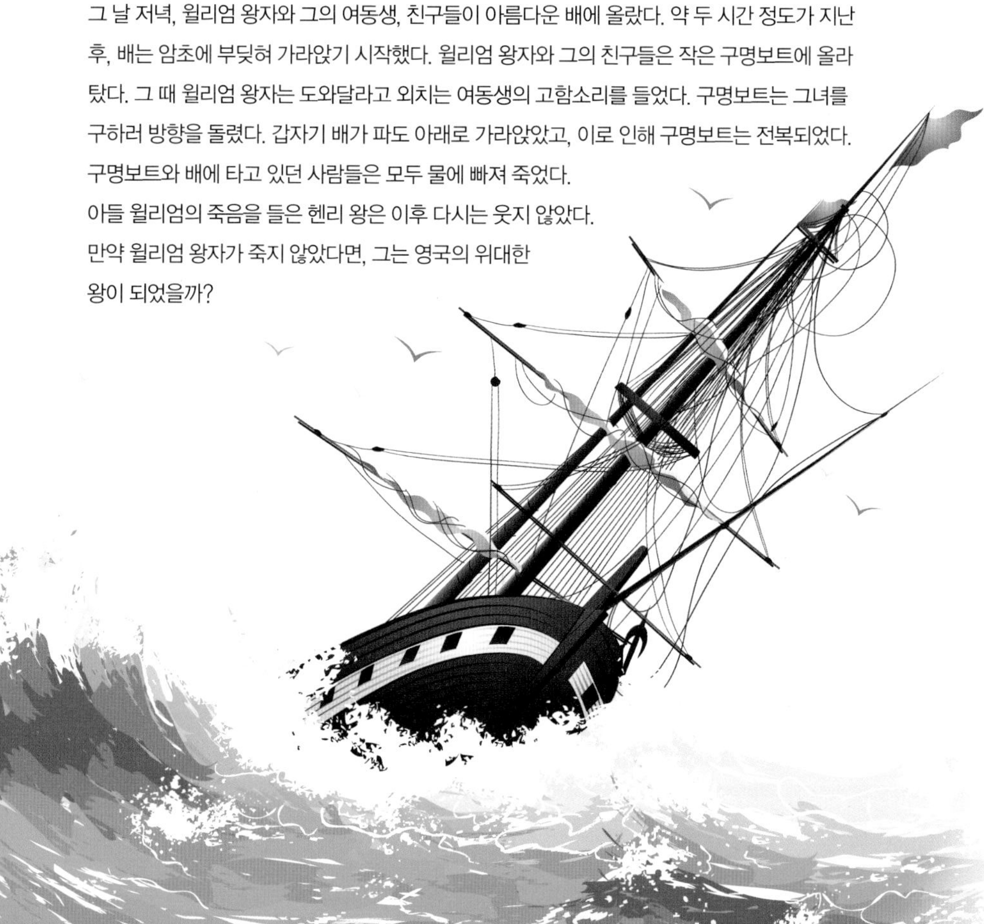

Androclus and the Lion

앤드러클러스와 사자

Once upon a time, a poor slave named Androclus lived in Rome. His master was a cruel man, and so unkind to him that at last Androclus ran away. [1]

He hid in a wild wood for many days, but he couldn't find any food. He became sick and weak and thought that he would die. So one day, he crept into a cave and fell fast asleep. [2]

After a while, a great noise woke him up. A lion had come into the cave and was roaring loudly.

- □ slave 노예
- □ unkind to …에게 냉혹한
- □ creep into …에 몰래 들어가다 (creep-crept-crept)
- □ cave 동굴
- □ wake ... up …을 깨우다 (wake-woke-woken)
- □ roar 으르렁거리다
- □ loudly 큰 소리로

1 **run away** 도망치다, 탈주하다

His master was a cruel man, and so unkind to him that at last Androclus ran away.

주인은 잔인한 사람이고 그에게 냉혹했기에 마침내 앤드러클러스는 도망쳤다.

2 **fall fast asleep** 깊은 잠에 빠지다

So one day, he crept into a cave and fell fast asleep.

그러던 어느 날, 그는 어느 동굴 안으로 들어가 깊은 잠에 빠졌다.

Androclus was very frightened. He was sure that the beast would kill him. However, he soon knew that the lion was not roaring with anger, but with pain. The lion limped as though his foot hurt him. Androclus bravely took hold of the lion's sore paw to see what was wrong. The lion stood quite still and rubbed his head against the slave's shoulder. [1]

- □ with anger 화가 나서
- □ with pain 아파서
- □ limp 절뚝거리다
- □ hurt …을 아프게 하다
- □ sore 상처 난, 염증을 일으킨
- □ paw (발톱이 있는 동물의) 발
- □ quite 꽤
- □ still 움직이지 않는
- □ thorn 가시
- □ pierce …에 꽂히다
- □ give ... a pull …을 당기다
- □ be overjoyed 미칠 듯이 기뻐하다
- □ lick 핥다
- □ side by side 나란히

"I know you will help me," he seemed to say.

Androclus saw that a long, sharp thorn had pierced the lion's paw. He gave a strong, quick pull, and out it came. The lion was overjoyed. He licked the hands [2] and feet of his new friend. Androclus was never afraid again. He and the lion become very good friends. When night came he and the lion slept side by side. The lion brought food to his new friend every day. Androclus' new life was very happy.

1 **rub A against B** A를 B에 대고 문지르다
The lion stood quite still and rubbed his head against the slave's shoulder.
사자는 움직이지 않고 머리를 노예의 어깨에 대고 문질렀다.

2 **부사+주어(대명사)+동사** 부사 강조
He gave a strong, quick pull, and out it came.
그가 힘을 주어 가시를 잽싸게 잡아당기자 가시가 빠져 나왔다.

Mini-Lesson

See p.110

to + 동사원형: (목적) …하기 위해

「to + 동사원형」의 to부정사는 여러 가지 뜻으로 해석될 수 있지만, '…하기 위해, …하려고'라는 뜻으로 목적을 나타내고 있어요.

- He bravely took hold of the lion's sore paw to see what was wrong.
  그는 뭐가 잘못 되었는지 알아보기 위해 용기를 내어 사자의 상처 난 발을 붙잡았다.
- Chris went to the post office to buy some stamps.
  크리스는 우표 몇 장을 구입하기 위해 우체국에 갔다.

One day some soldiers were passing through the forest and found Androclus in the cave. They knew he was an escaped slave, so they took him back to his cruel master in Rome. [1]

At that time, the law said that every runaway slave should fight a hungry lion. So a fierce lion was caught and starved for several days before the fight.

When the day came, thousands of people came to see the slave fight the lion. Poor Androclus was brought into the arena. He was almost dead with fear. He could hear the lions roaring. He looked up at the crowd. There was no pity in the thousands of [2] faces he saw.

- □ escaped 도망친
- □ runaway 탈주한, 도망친
- □ fierce 사나운, 흉포한
- □ starve …을 굶기다
- □ for several days 여러 날 동안
- □ arena 투기장
- □ crowd 군중, 인파
- □ pity 불쌍히 여김, 동정

1 **take A back to B** A를 B에게 다시 데려가다
They took him back to his cruel master in Rome.
그들은 그를 로마에 있는 잔인한 주인에게 다시 데려갔다.

2 **look up at** …을 올려다보다
He looked up at the crowd.
그는 군중을 올려다보았다.

Then the hungry lion rushed in. He leaped at the 1
poor slave. Androclus cried out. But it was a cry of
joy not a cry of fear. It was his old friend, the lion.

The people had expected to see the lion kill the
slave. But they saw Androclus put his arms around 2
the lion's neck. They watched in silence as the lion
lay at his feet and licked them.

- □ rush in 급히 들어오다
- □ cry out 크게 소리치다, 외치다
- □ in silence 조용히, 침묵하여
- □ lovingly 애정을 담아, 정답게

They saw the great beast rub his head lovingly against the slave's face. They could not understand what was happening.

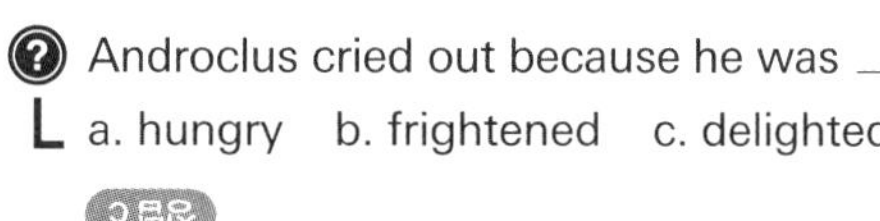

Androclus cried out because he was ________.
a. hungry b. frightened c. delighted
정답 c

1 **leap at** …에게 달려들다

He leaped at the poor slave. 사자는 불쌍한 노예에게 달려들었다.

2 **put one's arms around** …을 얼싸안다

But they saw Androclus put his arms around the lion's neck.

하지만 그들은 앤드러클러스가 사자의 목을 얼싸안는 것을 보았다.

After a while, they asked Androclus to tell them about it. He put his arm around the lion's neck and told them how they had met.

"No man has ever been my friend," he said. "But this poor lion has been kind to me. We love each other like brothers."

The people could no longer be cruel to the poor slave.

"Live and be free!" they cried. "Live and be free!"

"Let the lion go free too!" others shouted. [1]

"Give both of them their liberty!"

Androclus was set free and he was allowed to keep his friend, the lion. They lived together in Rome for many years.

□ after a while 잠시 후
□ no longer 더 이상 …하지 않다
□ liberty 자유
□ be set free 풀려나다
□ be allowed to + **동사원형** …하도록 허락받다
□ for many years 오래도록

1 **let ... go free** …을 풀어주다, 방면하다
"Let the lion go free too!" others shouted.
"사자도 풀어 주어라!" 다른 군중이 외쳤다.

Mini-Lesson

ever: 일찍이, 여태

ever가 현재완료 시제와 함께 부정문에 쓰이면 '지금까지(여태까지) (결코) …않다'라는 뜻이 된답니다.

- No man has ever been my friend. 여태까지 아무도 나의 친구가 되어주지 않았다.
- I've not ever seen a red banana. 난 지금까지 결코 빨간 바나나를 본 적이 없다.

King Canute on the Seashore

해변의 커뉴트 왕

Hundreds of years ago, there was an English King named Canute. His officers and the nobles of his court were always praising him.

"Oh, you are the greatest man that ever lived," [1] they said. "No man will ever be as powerful as you."

□ officer 대신
□ noble 귀족
□ court 궁정, 궁궐
□ praise 칭송〔칭찬〕하다
□ powerful 강력한, 강인한
□ disobey …에 따르지 않다, 순종하지 않다
□ sensible 현명한, 분별 있는

"Great Canute," they cried, "no one in the world would disobey you."

The King was a sensible man and he grew tired of [2] hearing such foolish words.

1 **최상급+ever** 지금까지 …중 가장 ~한

"Oh, you are the greatest man that ever lived," they said.

"오, 전하는 지금까지 살았던 사람 중 가장 위대하신 분이십니다." 그들이 말했다.

2 **grow tired of** …가 지겨워지다

The King was a sensible man and he grew tired of hearing such foolish words.

왕은 현명한 사람이었으므로, 그런 어리석은 말들을 듣는 게 지겨워졌다.

One day, he and his officers were by the seashore. The men were praising him as usual. He thought he would teach them a lesson. So he ordered them to [1] put his chair on the beach near the water.

"Am I the greatest man in the world?" he asked.

"There is no one more powerful than you!" cried the officers.

"Do all things obey me?" asked Canute.

"No one dares to disobey you," said the men. "The world kneels before you and honors you."

"Will the sea obey me?" said Canute.

1 **teach ... a lesson** …에게 따끔한 맛을 보이다, 한 수 가르치다
He thought he would teach them a lesson.
그는 대신들에게 따끔한 맛을 보여주리라 생각했다.

□ as usual 평소처럼, 여느 때처럼
□ obey …의 말에 따르다, 복종하다
□ dare to 감히 …하다
□ kneel before …의 앞에 무릎을 꿇다
□ honor …을 숭배하다
□ puzzled 어찌할 바를 모르는
□ roll (파도가) 너울거리다, 밀려오다

The foolish officers were puzzled, but they did not want to say no.

"Oh, King," said one of the men, "tell the sea what to do and it will obey you."

"Sea," cried Canute, "I order you to stop! Waves, stop rolling. Do not touch my feet!"

But the tide came in, just as it always did. The 1
water rose higher and higher. It rose around the
King's chair and wet his feet and robes. His officers
wondered if the King was mad. Then Canute took
off his crown and threw it down on the sand.

"I will never wear a crown again," he said. "And I
hope you have learned a lesson. There is only one
King who is all powerful. He lives in Heaven. He 2
rules the earth and he rules the seas. It is Him you
should praise and serve."

□ tide 조류, 파도
□ rise 솟아 오르다, 치솟다 (rose–rise–risen)
□ robe 긴 겉옷, 관복
□ mad 화난
□ take off (옷 · 신발 등을) 벗다
□ throw ... down …을 (밑으로) 집어 던지다 (throw–threw–thrown)
□ learn a lesson 교훈을 얻다, 한 수 배우다
□ serve 섬기다, 모시다

1 **just as** (꼭) …한 대로
But the tide came in, just as it always did.
하지만 파도는 항상 그랬던 대로 밀려들었다.

2 **all + 형용사** 완전히 …한
There is only one King who is all powerful.
전지전능하신 왕은 오직 한 분뿐이다.

Check-up Time!

● **WORDS**

빈 칸에 알맞은 단어를 보기에서 골라 써 넣으세요.

praised	licked	limped	disobeyed

1 She __________ my order to stay at home.

2 The puppy jumped up and __________ my face.

3 He __________ after his car accident on the highway.

4 My parents always __________ me when I did well in school.

● **STRUCTURE**

알맞은 전치사를 골라 문장을 완성하세요.

1 He was getting tired __________ this work.
a. by b. of c. in

2 My dog keeps on rubbing itself __________ my foot.
a. against b. for c. with

3 As soon as the little boy saw his mom, he leaped __________ her.
a. in b. from c. at

ANSWERS

Words | 1. disobeyed 2. licked 3. limped 4. praised

Structure | 1. b 2. a 3. c

● COMPREHENSION

다음 질문에 알맞은 답을 고르세요.

1 How were the slaves of old Rome punished when they ran away?

a. They got their legs broken.
b. They were made to do heavy labor.
c. They had to fight a starved lion.

2 Why did King Canute order the sea to stop rolling?

a. To make a big sand castle
b. To teach his men a lesson
c. To prove that he was the greatest man

● SUMMARY

빈 칸에 알맞은 말을 보기에서 골라 이야기를 완성하세요.

seashore	tide	officers	King

There was an English King named Canute. His __________ always praised him, and he grew tired of that. One day at the __________, he decided to teach his officers a lesson. "Sea, I order you to stop! Waves, stop rolling," shouted Canute. But the __________ came in, and the water rose higher and higher. "There is only one __________ who is all powerful and you should praise. He lives in Heaven," said the King.

ANSWERS

Comprehension | 1. c 2. b
Summary | officers, seashore, tide, King

CHAPTER 5

Maximilian and the Goose Boy

맥시밀리안과 거위치기 소년

One summer day, King Maximilian of Bavaria was walking in the country. The sun was shining and it was very hot. He stopped under an oak tree. It was very pleasant in the cool shade, so he lay down on the soft grass.

Then he took a little book from his pocket and began to read. But he could not keep his mind on 1
his book.

Before long, his eyes closed and he fell asleep. It was past noon when he woke up. He picked up his cane and started for home. When he had walked a mile or more, he remembered his book. He had left it under the tree. He was already quite tired and he did not want to walk back to the tree. But he also did not want to lose the book. What should he do? If only there was someone to fetch it for him!

- □ oak tree 떡갈나무
- □ pleasant 기분 좋은, 쾌적한
- □ shade 그늘진 곳
- □ lie down 드러눕다 (lie–lay–lain)
- □ before long 곧
- □ cane (가볍고 가는) 지팡이
- □ start for …을 향해 출발하다
- □ fetch (가서) 가지고 오다

1 **keep one's mind on** …에 전념하다

He could not keep his mind on his book.

왕은 책을 읽는 데 전념할 수가 없었다.

Mini-Lesson

See p. 111

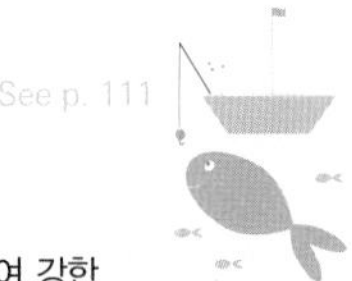

If only: … 하기만 한다면 (좋을 텐데)

'…하기만 한다면 (좋을 텐데)'라는 뜻으로 실제로 일어나지 않은 일을 가정하여 강한 희망을 나타내고 싶을 때에는 「If only + 주어 + 동사」를 쓰면 된답니다.

- If only there was someone to fetch it for him!
  누군가가 그를 위해 그것을 가지고만 와 준다면 (좋을 텐데)!
- If only he could dance like her! 그가 그녀처럼 춤을 출 수 있다면 (좋을 텐데)!

While he was thinking, he saw a little barefooted boy in the field near the road. The boy was tending a large flock of geese. The geese were picking at the short grass and wading in a stream. The King called the boy. [1]

"My boy," he said, "how would you like to have this gold coin?" [2]

"I would like it very much, sir," said the boy.

"You may have it if you run to the oak tree and fetch the little book that I left there," said the King. He thought the boy would be pleased.

But the boy turned away. [3]

- □ barefooted 맨발의
- □ tend (가축 등을) 지키다, 돌보다
- □ flock (가축의) 떼, 무리
- □ goose 거위 (복수형 geese)
- □ wade (개천 등을) 돌아다니다
- □ My boy (친근감을 나타내어) 얘야
- □ pleased 좋아하는, 만족스러운

1 **pick at** …을 뜯어먹다
The geese were picking at the short grass and wading in a stream.
거위들은 짧은 풀들을 뜯어먹고 개울 안을 돌아다니고 있었다.

2 **how would you like to + 동사원형** …하는 것이 어떠니?
How would you like to have this gold coin?
이 금화를 갖는 것이 어떠니?

3 **turn away** 고개를 돌리다, 외면하다
But the boy turned away.
그러나 소년은 고개를 돌렸다.

"I am not as silly as you think!" said the boy. "I don't believe you will give me that coin if I fetch your book. You can't trick me."

"Will you believe me if I give you the coin now?" said the King. He gave the coin to the boy. The boy looked at the gold coin but he did not move.

"What is the matter now?" said the King. "Why won't you go?"

"I can't leave the geese," said the boy. "They will run away."

"I will tend them while you are away," said the King.

The boy laughed. "I would like to see that!" he said. "They will run away from you."

"Let me try," said the King.

The boy gave the King his whip and walked down the lane. A few minutes later he came back.

"What is the matter now?" said King Maximilian.

"Crack the whip!" said the boy.

- □ silly 바보 같은, 어리석은
- □ trick 속이다
- □ run away from …로부터 도망치다
- □ whip 채찍
- □ lane 좁은 길
- □ crack 철썩(하고) 치다

? 왕이 소년에게 주려는 것은 무엇인가요?

a. book
b. coin
c. geese

정답 b

Mini-Lesson

때나 조건을 나타내는 부사절

접속사 while, when, if 등이 이끄는 때나 조건을 나타내는 부사절에서는 주절의 시제가 미래여도 미래 대신 현재 시제를 쓴답니다.

- I will tend them while you are away. 네가 멀리 가 있는 동안 내가 거위들을 지키고 있으마.
- I will wait for you if you promise to return in an hour.
  네가 한 시간 안에 돌아온다는 약속을 한다면 기다려 줄게.

- □ **whipcrack** 채찍을 휘두르다
- □ **start off** 출발하다, 떠나다
- □ **errand** 심부름, 심부름 가기
- □ **cackle** 꼬꼬댁 울다
- □ **hiss** (거위 등이) 쉿 하는 소리를 내다
- □ **meadow** 목초지, 초원
- □ **run after** 쫓아다니다
- □ **tender** 부드러운, 연한

The King tried, but he could not make a sound with the whip.

"I thought so," said the boy. "You don't know how to do anything."

He took the whip, and gave the King lessons in whipcracking.[1]

"Now you see how it is done," said the boy. "If the geese run away, crack the whip loudly."

Then the boy started off on his errand.[2]

King Maximilian sat down in the grass.

"Tending geese is an easy job," he thought.

But the geese missed their young master. They cackled and hissed at the King. They ran across the meadow.

The King ran after them but he could not catch them. He tried to crack the whip, but it was no use. The geese were soon far away. They went into a garden and began eating the tender vegetables.

1 **give A a lesson〔lessons〕 in B** A에게 B를 가르쳐 주다
He took the whip, and gave the King lessons in whipcracking.
그는 채찍을 받아 들고, 왕에게 채찍으로 휘두르는 법을 가르쳐 주었다.

2 **on one's errand** 심부름을 가기 위해
The boy started off on his errand. 소년은 심부름을 가기 위해 출발했다.

A few minutes later, the goose boy came back with the book.

"It is just as I thought," he said. "I have found the book but you have lost the geese."

"Never mind," said the King, "I will help you find[1] them."

"Well, then," said the goose boy, "run and stand by the stream, I will drive them out of the garden."[2]

The King did as he was told. The boy ran toward[3] the geese with his whip. Soon the geese were back in the meadow.

- □ come back 돌아오다
- □ Never mind. 걱정 말아라.
- □ gooseherd 거위치기
- □ Very well (감탄사) 그래, 알겠다

1 **help + 목적어(A) + 동사원형(B)** A가 B하도록 도와주다
I will help you find them. 내가 거위들을 찾도록 도와주마.

2 **drive A out of B** A를 B에서 몰아내다(쫓아내다)
I will drive them out of the garden.
제가 거위들을 정원에서 몰아낼게요.

3 **as** …한 대로
The King did as he was told.
왕은 소년이 말한 대로 했다.

4 **형용사(A) + to + 동사원형(B)** B하다니 참 A하기도 하다
I was silly to leave the geese with you.
거위들을 아저씨한테 맡기다니 나도 참 어리석기도 했죠.

"I'm not a very good gooseherd," said King Maximilian. "But I am a King. I am not used to such work."

"You are a King?!" said the boy. "I was silly to leave the geese with you. But I am not silly enough to 4
believe that you are a King."

"Very well," said King Maximilian, with a smile. "Here is another gold coin. Now let us be friends."

The boy took the gold coin and thanked the King.

"You are a very kind man," he said. "I think you might be a good King. But you will never be a good gooseherd!"

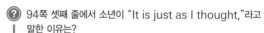

94쪽 셋째 줄에서 소년이 "It is just as I thought,"라고 말한 이유는?

a. The King had found the book.
b. The King had lost the geese.
c. The King had driven the geese well.

Mini-Lesson

be used to + 명사/...ing : …에 익숙해져 있다

- "But I am a King. I am not used to such work."
  "하지만 난 왕이란다. 난 이런 일에 익숙하지 않아."
- You will be used to living in a hot climate. 너는 곧 더운 기후에 사는 데 익숙해질 것이다.

Sir Walter Raleigh

월터 랄리 경

A long time ago, there lived in England a brave,
noble man, called Walter Raleigh. He was not only
brave and noble, but he was also handsome and 1
polite. For that reason, Queen Elizabeth made him a
knight, and called him Sir★ Walter Raleigh. This is
how it happened.

★ Sir은 '경'이라는 뜻으로 영국에서 baronet(준남작) 혹은 knight(기사)의 이름 앞에 붙이는 존칭이랍니다.

One day, when Walter was a young man, he was walking on a street in London. At that time, the streets were unpaved and there were no sidewalks. It had been raining that day and the streets were muddy. Walter wore fine clothes and a beautiful scarlet cloak over his shoulders.

Before long, Walter's shoes and trousers were very muddy.

- □ noble (외관이) 당당한
- □ knight 기사
- □ This is how it happened. 일의 발단은 다음과 같다.
- □ unpaved 포장되지 않은
- □ sidewalk 보도, 인도
- □ muddy 진흙투성이의
- □ scarlet 주홍색(의), 진홍색(의)
- □ cloak 망토
- □ trousers 바지
- □ puddle (빗물 등의) 웅덩이
- □ waiting maid 시녀

Suddenly, he came to a puddle of dirty water. The puddle reached from one side of the street to the other. He could not step across. He could not jump it. He stopped and thought about what to do.

Then he saw Queen Elizabeth walking along the street with her waiting maids. The Queen saw the dirty puddle in the street. She saw the handsome young man standing beside it. How was she to get across the puddle without [2] getting muddy and wet?

Walter looked at the Queen and he looked at the puddle. There was only one thing that he could do.

1 **not only A but (also) B** A뿐만 아니라 B도
He was not only brave and noble, but he was also handsome and polite.
그는 용감하고 당당한 사람이었을 뿐만 아니라 잘생기고 예의도 바른 사람이었다.

2 **be동사 + to + 동사원형** (예정 · 운명) …하기로 되어 있다
How was she to get across the puddle without getting muddy and wet?
여왕이 진흙탕에 젖지 않고 어떻게 그 웅덩이를 건너 갈 것인가?

He took off his scarlet cloak and spread it across the puddle. The Queen stepped onto the thick cloak and walked across the puddle. Her feet did not touch the mud. She stopped for a moment to thank the young man.

As the Queen walked away, she asked one of her maids, "Who is that gentleman who helped me?"

"His name is Walter Raleigh," said the maid.

"I must reward him," said the Queen. "No other man would have been so polite and noble." [1]

A few days later, the Queen sent for Walter to come to her palace. Walter was embarrassed because he had no scarlet cloak to wear. But the Queen did not mind. That day, she made Walter a knight in front of all the nobles of the land. And from that time, the young man was known as Sir Walter Raleigh; the Queen's favorite.

□ take off (모자 · 의복 따위)를 벗다 (take-took-taken)
□ spread 펼쳐 깔다
□ step onto …에 발을 내딛다
□ reward …에게 보상하다, 보답하다
□ send for (사람을 보내) …을 부르다
□ embarrassed 난처한
□ favorite 아끼는 신하

1 **would have + 과거분사** (과거 사실에 대한 추측) …했을 것이다
No other man would have been so polite and noble.
그 어떤 남자도 저토록 예의 바르고 훌륭하지는 못했을 것이야.

Sir Walter Raleigh had a half brother called Sir
Humphrey Gilbert. When Sir Humphrey made his
first voyage to America, Sir Walter went with him. 1
After that, Sir Walter tried several times to send men
to settle in America. But the settlers did not like the
tall forests and strange land. They were afraid of the
wild beasts and Indians. Some of the men went back
to England. Others died because they had no food,
and some of them got lost in the woods. At last Sir
Walter gave up trying to send people to America. But
he found two things there that the people of
England knew nothing about. One was the potato,
the other was tobacco. 2

Sir Walter brought the first potatoes from America to England. The potatoes grew as well in England as they grew in America. English people tried them and liked the taste. And nowadays, potatoes are a common food all over the world.

- ☐ half brother 아버지(어머니)가 다른 형제
- ☐ settle in …에 정착하다
- ☐ settler 정착민
- ☐ get lost 실종되다, 길을 잃다
- ☐ give up ...ing …하기를 포기하다
- ☐ tobacco 담배

1 **make one's voyage to** …로 가는 항해 길에 나서다
When Sir Humphrey made his first voyage to America, Sir Walter went with him.
험프리 경이 처음으로 아메리카 대륙으로 가는 항해 길에 나설 때, 월터 경도 동행했다.

2 **one ..., the other ~** (둘 중에서) 하나는 …이고, 다른 하나는 ~이다
One was the potato, the other was tobacco.
하나는 감자였고, 다른 하나는 담배였다.

In America, Sir Walter had seen the Indians smoking the leaves of the tobacco plant.

He thought that he would do the same. So he carried some of the leaves to England. Englishmen had never used tobacco before that time. Everyone who saw Sir Walter smoking thought it was a very strange sight.

One day, Sir Walter was sitting in a chair and smoking when his servant came into the room. The servant saw the smoke around Sir Walter's head. He thought his master was on fire, so he ran to fetch some water. He hurried back with a pail full of water and threw the water into Sir Walter's face. The fire was put out, but before long many men began to smoke tobacco.

 Why did Sir Walter's servant throw the water?

a. To grow the tobacco plant
b. To put out the fire
c. To clean the master's room

- do the same 똑같이 하다
- sight 광경(볼거리)
- be on fire …에 불이 나다
- pail 양동이; 들통
- put ... out (불 등을) 끄다

Mini-Lesson

see + 목적어(A) + ...ing/동사원형(B): A가 B하는 것을 보다

지각동사(see, watch, hear, listen to, smell, feel) 다음에 목적어가 오고 목적보어로 동사가 올 경우 흔히 ...ing형(동사원형)을 쓴답니다.

- Sir Walter had seen the Indians smoking the leaves of the tobacco plant.
  월터 경은 인디언들이 담배 잎사귀를 말아 피우는 것을 보았다.
- When we entered the classroom, we heard the bell ring.
  우리가 교실로 들어가자, 종이 울리는 소리가 들렸다.

Check-up Time!

● WORDS

각 단어와 그의 뜻을 찾아 연결하세요.

1 sidewalk ·　　　· a. a quick trip to do something for someone

2 whip ·　　　· b. a small pool of liquid, especially rain water

3 errand ·　　　· c. a narrow road, especially in the countryside

4 lane ·　　　· d. a long thin piece of rope with a handle

5 puddle ·　　　· e. a path at the side of a street for people to walk on

● STRUCTURE

괄호 안의 두 단어 중 맞는 것에 동그라미 하세요.

1 She is used to (take, taking) care of sick people.

2 (How, What) would you like to have some milk?

3 I will take care of the boy if you (return, will return) in the afternoon.

ANSWERS

Words | 1. e 2. d 3. a 4. c 5. b
Structure | 1. taking 2. How 3. return

● COMPREHENSION

다음 질문에 알맞은 답을 고르세요.

1 Why did Maximilian tend the geese?

a. Because he received the coin from the boy.

b. Because he sent the boy on an errand.

c. Because he drove the geese out of the garden.

2 Which is true about Maximilian?

a. He left his little book under the oak tree.

b. He wanted to tend the geese all day long.

c. He became a good gooseherd after all.

● SUMMARY

빈 칸에 알맞은 말을 보기에서 골라 이야기를 완성하세요.

spread	knight	unpaved	reward

When Walter Raleigh was a young man, he was walking on an ________ street. The street was muddy. Then he saw Queen Elizabeth walking along the street. She saw the dirty puddle in the street. Suddenly Walter ________ his scarlet cloak across the puddle. The Queen's feet did not touch the mud. She wanted to ________ him. She made Walter a ________ in front of all the nobles of the land.

Comprehension | 1. b 2. a
Summary | unpaved, spread, reward, knight

After the Story

Reading X-File 이야기가 있는 구문 독해

Listening X-File 공개 리스닝 비밀 파일

Story in Korean 우리 글로 다시 읽기

본문 page 28
본문 page 49

This world would be a better place if there were more men like you!

자네같은 사람이 더 많다면, 세상은 더 살기 좋은 곳이 될 텐데!

★ ★ ★

디 강 근처에 사는 물레방앗간 주인이 영국에서 가장 행복한 사람이라는 소문을 들은 왕은 그를 찾아갑니다. 행복의 비결을 묻기 위해서죠. 그러나 물레방앗간 주인은 가족과 먹을 양식이 있으니 어찌 즐겁지 않느냐고 오히려 왕에게 되묻고, 이에 왕은 위와 같이 말하며 쓸쓸히 궁으로 돌아갑니다. 이때 왕은 If + 주어 + 과거동사, 주어 + would + 동사원형의 가정법 과거를 써서 현재 사실과 반대되는 희망을 표현했는데요, 두 사람의 대화로 다시 한번 살펴 볼까요?

King

You really are the happiest person I have ever met! What is the secret?

자네는 정말 내가 만난 사람 중 가장 행복한 사람이군!
비결이 뭔가?

Miller

My King, you have everything.
If I were you, I would never envy others!

왕이시여, 왕께서는 모든 걸 다 가지고 계십니다.
제가 전하라면, 다른 사람을 부러워하는 일은 결코 없을 겁니다!

William Tell did shoot an arrow into Gessler's heart.

윌리엄 텔은 게슬러의 심장을 향해 화살을 정확하게 쏘았다.

★ ★ ★

스위스 최고의 사냥꾼 윌리엄 텔. 그는 폭군 게슬러의 명령에 복종하지 않는 당당함을 보여 주지만, 결국 아들 머리 위에 올려진 사과를 단 한 발의 화살로 맞추라는 명령을 받게 됩니다. 하지만 텔은 이 임무를 무사히 완수한 다음 위 문장과 같은 일을 해서 조국 스위스의 해방을 앞당겼다고 합니다. 위 문장은 원래 William Tell shot an arrow... 였지만, 동사 shot을 강조하기 위해 앞에 조동사 did를 썼답니다. 물론 shot은 동사 원형으로 변했고요. 그럼 윌리엄 텔과 아들의 대화로 다시 볼까요?

William Tell

You did behave bravely in the face of danger. I am proud of you, son.

너는 위험 앞에서 참으로 용감하게 행동했다. 네가 자랑스럽구나, 아들아.

Son

Dad, when you're with me, I'm not afraid of anything.

아빠, 아빠가 곁에 계시면 저는 아무것도 두렵지 않아요.

He bravely took hold of the lion's sore paw to see what was wrong.

그는 용기를 내어 상처 난 발을 보기 위해 사자의 아픈 발을 붙잡았다.

★ ★ ★

자유를 찾아 도망친 노예 앤드러클러스가 동굴 안에 있을 때, 갑자기 사자 한 마리가 으르렁거리며 들어옵니다. 앤드러클러스는 무서웠지만, 사자에게 자신을 해치려는 의도가 없으며, 단지 발에 문제가 있음을 알아채고는 위와 같은 행동을 하지요. 위 문장에는 '…하기 위해, …하려고'라는 목적이나 의도를 나타내는 to부정사가 쓰이고 있는데요, 앤드러클러스와 사자의 대화를 통해 다시 한번 확인해 볼까요?

Androclus

You must see a vet to make sure your foot is okay.

네 발이 괜찮은지 확실히 알기 위해 수의사에게 가 봐야 해.

Lion

I don't need a vet. My foot will heal itself.

수의사는 필요 없어. 발은 저절로 나을 테니.

If only there was someone to fetch it for him!

누군가가 그를 위해 그것을 가지고만 와 준다면 좋을 텐데!

★ ★ ★

시원한 나무 그늘 아래에서 책을 읽다 잠이 든 맥시밀리언 왕은 깨어나서 궁으로 돌아가다 책을 놔두고 왔음을 깨닫지요. 이 때 누군가가 대신 가져다 주었으면 하는 안타까운 심정을 위와 같이 표현했어요. 바로 '…하기만 한다면 (좋을 텐데)'라는 뜻의 If only…를 써서 말이지요. 사실과 반대되는 강한 희망을 나타낼 때 쓰이는 이 표현을 거위치기 소년과 맥시밀리언 왕의 대화를 통해 다시 한번 익혀 볼까요?

Goose Boy

I am bored watching the geese.
If only I had something to read!

거위들을 지키는 건 따분해.
뭔가 읽을 거리가 있으면 좋을 텐데!

Maximilian

You can read my book then.
You will never get bored with this book.

그럼 내 책을 읽거라.
이 책은 절대 지루할 틈이 없단다.

01 은~ 은~! 웬 콧소리?

t 다음에 '모음+n'이 오면 콧소리 '~은'으로 마무리하세요.

eaten, button처럼 t 다음에 '모음+n'이 올 경우 어떻게 발음할까요? [ㅌ] 소리를 뒤의 모음과 연음해서 [이튼], [버튼] 하고 발음하면 촌스럽게 들려요. [ㅌ] 소리를 냈다가 순간적으로 끊으면서 콧소리 [~은]을 붙여보세요. [잇ㅌ은] [벗ㅌ은]처럼 말이죠. written, gotten, beaten, cotton, mountain, Manhattan 등도 콧소리 [~은]으로 잘 마무리해 주어야 멋진 발음이 됩니다. 본문 14쪽을 통해서 이 발음을 확인해 볼까요?

And six times they were (①). Finally his army was scattered, and he escaped to the safety of the forests and (②).

① **beaten** [비튼]이 아니라 [빗ㅌ은]입니다. t와 en의 소리를 연음시켜 [튼] 하고 발음하지 말고, [ㅌ] 소리를 속으로 짧게 삼킨 다음, 콧소리 [~은]을 붙여보세요.

② **mountains** 역시 콧소리 [~은]을 붙여 [마운ㅌ은ㅈ]라고 발음했네요.

02 행복할 때는 입을 크게 벌려요!

happy의 [æ]는 입을 쫙~ 벌려서 [애] 하고 소리내세요.

men과 man, 발음이 어떻게 다를까요? 앞의 e[e]는 앞니 쪽에서 [에] 하고 발음하고, 뒤의 a[æ]는 입을 옆으로 크게 벌려 어금니 쪽에서 [애] 하고 발음합니다. happy, back, bad, sad, land, daddy 등에도 [애] 소리가 들어 있네요. 모두 어금니가 보일 정도로 입을 옆으로 크게 벌려서 [애] 하고 발음하세요. 본문 44쪽에서 이 발음의 예를 찾아볼까요?

Many years ago, the people of Switzerland were ruled by a (①) called Gessler. He was a cruel man and the people were not free or very (②).

① **man** 입을 쫙 벌려 [애] 하고 발음했죠? 입을 크게 안 벌리면 men으로 들리니까 조심하세요.

② **happy** 행복할 때는 입을 옆으로 크게 벌려 [해피]입니다.

03 오~ 노~ 이건 아니에요!

o는 [오]가 아닌 [오우]로 발음하세요.

Oh!, No! 등에서 o는 [오]가 아니라 [오우] 하고 소리내야 합니다. [오]를 강하게 밀어낸 다음 [우]는 부드럽게 꼬리를 내려주세요. [오우], [노우] 이렇게 말이죠.
cold, gold, open, most, joke, go, don't 등에서도 o는 모두 [오우]라고 발음해야 합니다. 본문 54쪽에 나오는 발음을 들어볼까요?

"I would like to be a hawk, because a hawk reminds me of a (   ) and gallant knight."

bold [우]를 넣어 [보울ㄷ]라고 발음했네요.
[볼ㄷ]라고 하면 원래의 뜻과는 전혀 다른 '대머리의 용감한 기사(bald: 대머리의)'라는 뜻이 되니까 발음에 조심하세요.
o는 [오]가 아니라 [오우]입니다.

04 혀를 자꾸 깨물어야 멋진 영어!

th는 혀를 살짝 물었다가 가볍게 밀어내며 [ㅅㄷ]!

the dog[더 독], 두 단어의 첫소리가 똑같은 [ㄷ]일까요? 그렇지 않아요. th 소리는 혀 앞부분을 앞니 사이에 물었다 떼며 [ㅅㄷ] 하고 살짝 밀어내야 합니다. 정말 많이 쓰이는 영어 단어 this, that, there, they, then 등의 th가 모두 이렇게 발음되죠. 이런 단어가 나올 때마다 혀를 재빠르게 살짝 물어주며 소리를 뱉어내세요. 혀가 좀 바쁘겠죠? 하지만 이것이 영어다운 발음입니다. 본문 62쪽에서 이 발음을 살펴볼까요?

He lost all (①) lands (②) his father left him. (③) he was shut up in prison and died (④).

① **the** 우리말의 '더 주세요.' 할 때의 [더]와 달라요. 혀를 물었다가 떼며 소리를 밀어내는 [ㅅ더]입니다.

② **that** 혀를 물고 있는 [ㅅ] 소리가 나죠?

③ **Then** 여기서도 th는 [ㄷ]가 아니라 [ㅅ덴]이랍니다.

④ **there** 혀를 앞니 사이에 살짝 물고 [ㅅ데어] 라고 했어요.

우리 글로 다시 읽기

50가지 재미있는 이야기

1장 | 브루스와 거미

p.14~15 옛날 옛적, 스코틀랜드에 로버트 브루스라는 왕이 있었다. 그는 용감하고 현명한 왕이었다. 그런데 잉글랜드 왕이 그와 전쟁 중이었다. 잉글랜드 왕은 브루스 왕을 몰아내려고 대군을 이끌고 스코틀랜드로 쳐들어왔다. 로버트 브루스와 그의 용감한 부하들은 잉글랜드군과 여섯 차례나 전투를 벌였다. 그리고 여섯 번 모두 패하고 말았다. 결국 브루스 왕의 군대는 뿔뿔이 흩어졌고, 브루스 왕은 도망쳐 숲이 우거진 산 속으로 피신했다.

비가 내리던 어느 날, 브루스 왕은 동굴 안에서 쉬고 있었다. 밖에서 억수처럼 퍼붓는 빗소리가 들렸다. 그는 지쳤고, 모든 희망을 잃기 직전이었다. 어떻게 하면 나라를 되찾을 수 있을지 알 수가 없었다.

그렇게 고민을 하던 중, 브루스 왕은 거미 한 마리가 거미줄을 치고 있는 모습을 보았다. 왕이 지켜보는 가운데 거미는 천천히, 그리고 조심스럽게 거미줄을 쳤다. 거미는 한쪽 들보에서 다른 쪽 들보까지 거미줄을 연결하려고 여섯 번이나 시도했다. 그리고 여섯 번 모두 미치지 못했다.

p.16~17 "가엾은 것!" 브루스 왕이 탄식했다. "너도 실패한다는 게 어떤 건지 알겠구나."

하지만 거미는 포기하지 않았다. 로버트 브루스는 거미가 가느다란 거미줄에 매달려 몸을 휙휙 날리는 모습을 보는 동안 자신의 어려운 처지는 잊었다. 거미는 일곱 번째로 다시 시도를 했다.

거미가 또다시 실패하고 말 것인가? 아니었다! 이번에는 거미줄을 무사히 들보에 연결하여, 그곳에 고정시킬 수 있었다. 브루스 왕은 "나도 일곱 번째 시도를 해 볼 테다!"라고 소리쳤다.

브루스 왕은 부하들을 다시 불러모아 계획을 설명했다. 그리고 낙담한 백성들에게 희망의 메시지를 전하도록 했다. 왕의 주위에 다시 용감한 스코틀랜드 군대가 모여들었다. 그리고 그들은 잉글랜드 왕과 일곱 번째 전투를 벌였다. 이번에는 스코틀랜드군이 승리를 거두었고, 잉글랜드군을 영토 밖으로 몰아내었다.

그 날 이후로, 브루스라는 이름을 가진 사람 그 누구도 거미를 해치지 않았다고 한다. 그 작은 생물이 왕에게 결코 포기해선 안 된다는 교훈을 주었던 것이다. 그리고 그 교훈은 결코 잊혀지지 않았다.

그레이스 달링

p.18~19 어느 어두운 9월 아침이었다. 바다에는 풍랑이 일었다. 배 한 척이 판 군도 해안의 암초에 부딪쳐 두 동강으로 부서졌다. 조각난 반쪽은 파도에 휩쓸려 사라져 버렸다. 암초에 걸린 나머지 반쪽에 선원 몇 명이 매달려 있었다. 하지만 거센 파도가 계속 그 위를 덮쳤다.

근처 섬들 가까운 곳에 등대가 하나 있었다. 그레이스 달링이 아버지와 함께 그곳에 살고 있었다. 그녀의 아버지가 등대지기였기 때문이었다. 그들 부녀는 밤새도록 폭풍우 소리와 익사 위기에 몰린 사람들의 비명 소리에 귀를 기울였다.

동이 트자, 그레이스는 난파선의 잔해와 돛대에 매달려 있는 사람들을 발견했다. 하지만 그 장소는 거친 파도 너머로 1마일 정도 떨어져 있었다.

p.20~21 "저 사람들을 구해야 해요!" 그레이스가 소리쳤다. "당장 배를 띄워야겠어요!"

"그레이스, 소용없단다. 저 사람들이 있는 곳까지 갈 수가 없어."라고 아버지가 말했다.

그녀의 아버지는 나이가 많았고, 거센 파도의 위력을 잘 알고 있었다.

"하지만 여기 가만히 앉아서 저 사람들이 죽는 것을 지켜볼 순 없어요. 구하려는 노력은 해야 돼요!" 그레이스가 말했다.

결국 아버지도 동의를 했고, 부녀는 성난 바다에 작은 배를 띄웠다. 그레이스가 한쪽 노를 저었고, 아버지가 반대편 노를 저었다. 부녀는 난파선 쪽으로 곧장 노를 저어 나갔다. 하지만 그처럼 풍랑이 치는 바다를 헤치고 노를 저어가기란 쉽지 않았다. 난파선까지는 도저히 갈 수 없을 것만 같았다.

마침내 부녀는 암초 근처에 다다랐다. 하지만 부녀의 상황은 매우 위험했다. 자칫하면 배가 물살에 떠내려 가거나 날카로운 암초에 부딪쳐 조각날 수 있었다. 그레이스는 성난 바람과 거친 물살 속에서 배를 안정시키려고 용감하게 싸웠다.

p.22~23 그레이스의 아버지는 난파선 잔해 위로 기어올라갔다. 그리고 기진맥진한 선원들을 도와 한 명씩 배에 태웠다. 선원들은 노를 부여잡고 다같이 배를 저어 등대로 무사히 돌아올 수 있었다. 그레이스는 부상자들이 집으로 돌아갈 수 있을 정도로 충분히 건강해질 때까지 친절하게 간호했다.

그레이스 달링은 그 오래된 등대에서 멀지 않은 바닷가 작은 교회 묘지에 묻혀 있다. 해마다 많은 사람들이 그녀의 무덤을 찾는다. 그곳에는 이 용감한 처녀에게 경의를 표하는 조각상이 세워져 있다. 오른손에 노를 잡은 채 누워서 쉬고 있는 여인의 동상이다. 그 동상은 그레이스 달링을 유명하게 만든 그 숭고한 행동을 말해주고 있다. 모두 아주 오래 전에 있었던 일이지만, 그레이스 달링의 이름은 결코 잊혀지지 않을 것이다.

디 강의 물레방앗간 주인

p.24~25 옛날 옛적, 디 강 언덕에 물레방앗간 주인이 살고 있었다. 그는 잉글랜드에서 가장 행복한 사나이였다. 그는 아침부터 밤 늦게까지 항상 바쁘게 움직였으며, 항상 노랫가락을 흥얼거렸다. 그는 매우 쾌활하여 주위 사람 모두를 유쾌하게 만들어 주었다. 그의 즐거운 생활은 온 나라 방방곡곡 사람들의 이야깃거리였다.

마침내 왕도 그의 소문을 들었다.

"이 놀라운 물레방앗간 주인을 한번 만나봐야겠군. 어쩌면 행복해지는 비결을 알려줄지도 모르지." 왕이 말했다.

왕은 물레방앗간에 도착하자마자, 물레방앗간 주인이 부르는 노래 소리를 들었다.

"난 누구도 부럽지 않네, 절대로, 난 부럽지 않아!
왜냐하면 나는 더할 수 없이 행복하니까.
그리고 아무도 날 부러워하지 않지."

p.26~27 "여보게, 그 말은 틀렸네. 난 자네가 부럽다네. 자네처럼 행복했으면 좋겠군. 자네와 처지를 바꿔 살아보면 좋겠군." 하고 왕이 말했다.

물레방앗간 주인은 미소를 지으며 왕에게 절을 했다.

"왕이시여, 그럴 순 없습니다." 하고 그가 말했다.

"말해 보게, 도대체 이 먼지투성이 물레방앗간에서 그토록 행복한 이유가 뭔가? 나는 왕이지만 항상 우울하고 골치가 아프다네."라고 왕이 말했다.

물레방앗간 주인이 대답했다. "왕께서 왜 우울해 하시는지는 모르겠지만 제가 즐거운 이유는 쉽게 설명드릴 수 있지요. 저는 아내와 아이들을 사랑합니다. 친구들도 좋아하고 그들도 절 좋아하지요. 그리고 전 그 누구에게도 빚이 없어요. 디 강이 제 방아를 돌려줍니다. 그리고 그 방아가 옥수수를 빻고 그 옥수수 가루가 저와 제 아내 그리고 아이들을 먹여 살립니다."

p.28~29 "그렇다면, 자네의 자리를 지키며 계속 행복하게 살아가게." 왕은 말했다. "자네의 그 먼지투성이 모자는 나의 왕관보다도 가치 있군. 자네의 방아는 내 왕국이 내게 베풀어주는 것보다도 더 많은 것을 자네에게 베풀어주고 있군 그래. 자네 같은 사람들이 더 많다면, 이 세상은 더 살기 좋은 곳이 될 텐데! 잘 있게, 친구!"

왕은 힘없이 그 자리를 떠났고 물레방앗간 주인은 하던 일을 계속했다. 그리고 일을 하면서, 방앗간 주인은 이렇게 노래했다.

"오, 나는 더할 나위 없이 행복하다네.
왜냐하면 나는 디 강가에 살고 있으니까!"

2장 | 줄리어스 시저

p.32~33 지금으로부터 약 2000년 전쯤 줄리어스 시저라는 인물이 로마에 살았다. 그는 로마인들 가운데 가장 위대한 인물이었다. 그가 그렇게 위대했던 이유가 무엇이었을까? 그는 용감한 전사였으며, 많은 나라를 정복해 로마에 복속시켰다. 그는 사람들로 하여금 자신을 좋아하고 두려워하게 만드는 법을 알고 있었다.

그는 로마의 통치자가 되었다. 어떤 이들은 그가 로마의 왕이 되길 바랬다고 말했다. 하지만 당시 로마인들은 왕이란 걸 좋다고 생각하지 않았다.

한번은 시저가 어느 작은 시골마을을 지나가고 있을 때, 마을 사람들 모두가 그를 보러 길가로 몰려 나왔다.

p.34~35 마을 사람들은 약 50명쯤 되었으며 촌장이 이들을 이끌고 있었다. 사람들은 길가에 늘어서서 시저가 지나가는 것을 구경했다. 촌장은 매우 자랑스럽고 기분이 좋아 보였다. 그가 이 마을의 지도자였기 때문이다. 그는 자신이 시저만큼이나 위대한

인물이라고 생각했다. 시저 곁에 있던 지휘관 몇 명은 실소를 터뜨렸다.

"저 촌장은 자신과 자신의 무리를 매우 자랑으로 여기나 보군! 그래 봤자 아주 조그만 무리의 우두머리일 뿐인데 말이야." 하고 그들이 말했다.

"맘대로 비웃어라." 시저가 말했다. "저 사람은 충분히 자랑스러워할 만하다. 로마의 2인자가 되기보다는 작은 부락의 우두머리가 되는 편이 훨씬 나은 법이다!"

p.36~37 또 한 번은, 시저가 배를 타고 해협을 건너고 있었다. 중간쯤 갔을 때, 폭풍우가 몰아치기 시작했다. 바람이 거세게 불었고, 파도가 높게 일었다. 번개가 번쩍이고 천둥소리가 요란했다. 배에 타고 있던 사람들은 모두 배가 침몰할 거라고 생각했다.

선장은 무척 겁에 질렸다. 그는 그 해협을 여러 번 항해했지만, 그처럼 심한 폭풍우는 처음이었다. 그는 배를 제대로 몰 수가 없었다. 선장은 무릎을 털썩 꿇으며 소리쳤다. "이젠 끝장이다. 배가 가라앉고 말 거야. 우리 모두 물에 빠져 죽게 될 거야!" 하지만 시저는 두려워하지 않았다. 시저는 선장에게 일어나 힘껏 노를 저으라고 명령했다.

"왜 겁을 내느냐? 내가 타고 있는 한 배는 절대 침몰하지 않을 것이다."라고 시저가 말했다.

장님과 코끼리

p.38~39 옛날에 날마다 길가에 나와 있는 장님 여섯 명이 있었다. 그들은 지나가는 사람들에게 돈과 먹을 것을 구걸했다. 그들은 코끼리 이야기를 종종 들었지만, 장님들이었기 때문에 한번도 보지는 못했다.

어느 날 아침, 어떤 사람이 길을 따라 코끼리 한 마리를 몰고 내려갔다. 코끼리는 장님들 앞에 멈춰 섰다. 말로만 듣던 코끼리가 바로 자기들 앞에 있다는 말을 들은 장님들은 코끼리를 몰고 가던 사람에게 코끼리를 구경시켜 달라고 부탁했다.

물론 그들이 코끼리를 눈으로 구경할 수는 없었다. 하지만 만져볼 수는 있었다. 그리고 손으로 만져보면 어떤 종류의 동물인지 알 수 있을 것 같았다.

p.40~41 첫 번째 장님이 코끼리의 옆구리를 만졌다.

"그렇지, 그렇군!" 그가 말했다. "이젠 이 동물에 대해 완전히 알겠어. 꼭 벽처럼 생겼군."

두 번째 장님은 코끼리의 어금니만을 더듬어 보고 이렇게 말했다.

"여보게, 사실은 자네가 잘못 안 거야. 코끼리는 벽처럼 생기지 않았어. 코끼리는 둥글고 매끈한 데다 날카로운걸. 마치 창 같아."

세 번째 장님은 코끼리의 코를 만졌다.

"두 사람 다 틀렸어. 코끼리는 뱀처럼 생겼군 그래. 누구라도 그렇게 생각할 거야."

네 번째 장님은 두 팔을 코끼리 다리 하나에 감았다.

"오, 모두들 정말 눈이 멀었군 그래! 코끼리는 마치 나무처럼 둥글고 키가 큰 게 분명해."

다섯 번째 장님은 키가 아주 커서 코끼리의 귀를 잡을 수 있었다. 그리고 외쳤다.

"여보게들, 코끼리는 자네들 말과 전혀 다르군 그래. 코끼리는 꼭 커다란 부채처럼 생겼는데."

p.42~43 여섯 번째 장님은 코끼리가 어디 있는지 찾지 못해 한참 헤맸다. 그러다가 드디어 코끼리의 꼬리를 붙들었다.

"이런, 정말 바보들이군 그래!" 그가 외쳤다. "자네들 다 틀렸어. 코끼리는 벽이나 창, 뱀, 나무같이 생기지 않았어. 그리고 부채 같지도 않아. 누구든 코끼리가 꼭 밧줄처럼 생겼다고 생각할 거야."

그리고 나서 코끼리는 가던 길을 계속 걸어갔다. 여섯 명의 장님들은 하루 종일 길가에 주저앉아 코끼리에 대해 입씨름을 벌였다.

그들은 제각기 코끼리가 정확히 어떻게 생겼는지 안다고 믿었다. 그리고 그들은 상대방이 자기의 의견과 일치하지 않는다고 서로를 바보라고 했다.

가끔은 눈이 보이는 사람들도 이 여섯 명의 장님들처럼 어리석게 굴 때가 있다.

윌리엄 텔 이야기

p.44~45 아주 오래 전, 스위스 사람들은 게슬러라는 인물의 지배를 받고 있었다.

그는 잔인한 사람이었으므로 스위스 사람들은 자유롭지도 행복하지도 못했다.

어느 날 게슬러는 광장에 높은 장대를 세우고 자신의 모자를 그 꼭대기에 걸어 놓았다. 그리고 도시에 들어오는 사람은 누구나 그 앞에서 고개를 숙여 인사를 해야 한다고 명령했다.

하지만 인사하기를 거부한 사람이 한 명 있었다. 그의 이름은 윌리엄 텔이었다. 그는 팔짱을 끼고 서서, 장대 위에 걸린 모자를 비웃었다. 게슬러는 그 이야기를 듣고 매우 분노했다. 그는 윌리엄 텔을 혼내주겠다고 결심했다.

p.46~47 윌리엄 텔은 산에 사는 유명한 사냥꾼이었다. 윌리엄 만큼 활을 잘 쏘는 사람은 전국에 아무도 없었다. 게슬러도 그 사실을 알고 있었으므로, 잔인한 계략을 생각해냈다. 그는 윌리엄의 어린 아들에게 사과를 머리 위에 올려놓고 광장에 서 있으라고 명령했다. 그리고 윌리엄에게 그 사과를 화살로 쏘아 맞추라고 했다.

"만약 아들이 움직인다면 어떻게 되지?" 윌리엄은 혼잣말로 중얼거렸다. "바람이 불어서 화살이 엉뚱한 방향으로 날아간다면 어떻게 되지? 내가 아들을 죽이게 될지도 몰라."

윌리엄은 게슬러에게 이런 식으로 자신의 활 솜씨를 시험하지 말아달라고 간청을 했다.

"내가 말하는 대로 해라!" 게슬러가 말했다. "딱 한 발로 사과를 맞혀야만 한다. 만약 맞추지 못한다면, 네가 보는 앞에서 내 부하들이 네 아들을 죽여버릴 것이다."

p.48~49 윌리엄 텔은 더 이상 말하지 않았다. 그는 화살을 활 시위에 걸었다. 그리고 조준을 하고는 화살을 쏘았다. 윌리엄의 아들은 그 자리에 굳건히 서서 꼼짝도 하지 않았다. 그는 두렵지 않았다. 아버지의 활 솜씨를 믿었기 때문이었다.

윌리엄의 화살이 쌩 하고 허공을 가르며 날아갔다. 화살은 사과의 한가운데를 꿰뚫어 두 동강을 냈다. 구경하던 이들이 기쁨의 함성을 질렀다.

윌리엄이 아들에게 다가가고 있을 때, 그의 주머니에서 화살 하나가 땅바닥으로 떨어졌다.

"윌리엄 텔!" 게슬러는 소리쳤다. "다른 화살은 무엇 때문에 가지고 있는 거냐?"

"폭군! 이 화살은 네 놈을 위한 것이었다." 윌리엄

텔은 당당하게 말했다. "만약 내 아들이 다쳤더라면, 이 화살로 네 심장을 꿰뚫어 버릴 생각이었다."

전설에 따르면, 그로부터 얼마 후 윌리엄 텔은 게슬러의 심장을 향해 화살을 정확하게 쏘았다고 한다. 그는 동포들 사이에서 영웅이 되었다. 그리고 그는 조국을 해방시켰다.

3장 | 정복왕 윌리엄의 아들들

p.52~53 옛날에 정복자 윌리엄이라는 잉글랜드의 위대한 왕이 있었다. 윌리엄 왕에게는 십대인 아들 셋이 있었다. 어느 날, 왕이 무언가 고민하는 듯 보였다. 그래서 현자들은 왕에게 무슨 일이시냐고 물었다.

"아들들 생각을 하고 있었네." 왕이 말했다. "내가 죽은 뒤 그 애들이 어떻게 해 나갈까? 내가 죽게 되면 셋 중 누구에게 왕위를 잇게 해야 할지 모르겠네."

현자들 중 하나가 말했다. "윌리엄 왕이시여, 왕자님들이 어떤 걸 가장 동경하시는지 알아 보겠습니다. 왕자님들께 제각기 질문들을 드려 보겠습니다. 그러면 왕자님들이 장차 어떤 인물이 되실지 알 수 있을 것입니다. 그렇게 하면, 어느 왕자님께서 가장 훌륭한 왕이 되실지 알아낼 수 있을 겁니다."

"좋은 생각이군. 왕자들에게 너희가 묻고 싶은 것은 무엇이든지 물어보도록 하여라."

현자들은 어린 왕자들을 한 번에 한 명씩 불러서 질문을 하기로 했다. 그리고 모든 왕자들에게 똑같은 질문을 하기로 했다.

p.54~55 첫 번째로 들어온 왕자는 로버트 왕자였다. 그는 키가 크고 강건했다. 그래서 '쇼트 스타킹'이라는 별명을 가지고 있었다.

"로버트 왕자님, 이 질문에 대답해 주십시오." 현자들 중 한 명이 말했다. "만약 왕자님께서 왕자가 아니라 새가 되신다면 어떤 새가 되고 싶으십니까?"

로버트 왕자는 대답했다. "쉬운 질문이군. 나는 매가 되고 싶네. 매는 항상 대담하고 용맹한 기사를 생각나게 하거든."

p.56~57 다음에는 윌리엄 왕자가 들어왔다. 윌리엄 왕자는 아버지의 사랑을 가장 많이 받고 있었다. 그는 얼굴이 둥글고 인상이 좋았다. 그리고 머리카락은 붉은 색이었다. 그 붉은 머리털 때문에 '루퍼스'라는 별명을 가지고 있었다.

현자들 중 한 명이 물었다. "윌리엄 왕자님, 이 질문에 대답해 주십시오. 만약 왕자님께서 왕자가 아니라 새가 되신다면 어떤 새가 되고 싶으십니까?"

"난 독수리가 되고 싶어. 독수리는 무척 강하고 용감하니까." 윌리엄 왕자가 대답했다. "독수리는 다른 새들의 경외의 대상이지. 그래서 모든 새들의 왕이지."

마지막으로 막내인 헨리 왕자가 들어왔다. 헨리는 독서와 글쓰기를 좋아해서 '잘생긴 학자'라는 별명을 가지고 있었다.

다른 현자 한 명이 물었다. "헨리 왕자님, 이 질문에 대답해 주십시오. 만약 왕자님께서 왕자가 아니라 새가 되신다면 어떤 새가 되고 싶으십니까?"

"찌르레기." 헨리 왕자는 대답했다. "난 찌르레기가 되고 싶어. 찌르레기는 다정하고 행실이 바른 새니까. 찌르레기는 자신을 보는 사람들 모두에게 기쁨을 주지. 그리고 남의 것을 훔치거나 이웃들을 다치게 하는 법이 없어."

p.58~59 그런 다음, 현자들은 잠시 동안 서로 상의를 했다. 서로 합의를 한 후 그들은 왕에게 가서 고했다.

"장남이신 로버트 왕자님은 대담하고 용맹한 분이 되실 겁니다." 현자들이 말했다. "위대한 업적을 세우시고 명성도 얻으실 겁니다. 하지만 적에게 포로가 되어 감옥에서 생을 마치실 겁니다."

"둘째 윌리엄 왕자님은 독수리처럼 용감하고 강인한 분이 되실 것입니다. 하지만 잔인한 처사로 인해 두려움과 미움을 사실 것입니다. 악인의 삶을 사시다가 명예롭지 못한 최후를 맞으실 겁니다." 하고 현자들이 말했다.

"헨리는 어떤가?" 윌리엄 왕이 물었다.

"헨리 왕자님께서는 현명하고 평화로운 분이 되실 겁니다. 헨리 왕자님은 적군들이 먼저 싸움을 걸 때에만 전쟁을 하실 겁니다. 백성들에게 사랑을 받고 다른 나라에서도 존경을 받으실 것입니다. 그리고 부유한 대국을 세우신 다음 평화롭게 세상을 떠나실 것입니다."

p.60~61 몇 년 후 윌리엄 왕은 죽음을 앞두고 아들들에 대해 생각해 보았다. 왕자들은 이제 장성해 있었다. 윌리엄 왕은 자신이 죽은 뒤에 아들들이 어떻게 될지 궁금했다. 그리고 현자들이 해 주었던 이야기를 떠올렸다.

그래서 왕은 로버트 왕자에게는 프랑스의 영토를 물려주었다. 잉글랜드의 왕위는 윌리엄 왕자에게 넘겨준다고 선포했다. 그리고 헨리 왕자에게는 아무런 영토도 물려주지 않고, 단지 황금이 든 상자 하나만을 남겨주었다.

p.62~63 세월이 흐르고 현자들이 예언했던 일들이 모두 그대로 일어났다.

로버트 쇼트 스타킹은 자신이 동경했던 매처럼 대담하고 무모했다. 그는 아버지가 물려준 영토를 모조리 잃고 말았다. 그리고는 수감되어 그 안에서 생을 마쳤다.

윌리엄 루퍼스는 너무나 잔인해서 온 백성의 두려움과 미움을 샀다. 그는 악한 삶을 살았다. 그리고 숲 속에서 사냥을 하다가 부하들 중 한 명에게 암살 당하고 말았다. 그리고 잘생긴 학자 헨리는 윌리엄 루퍼스가 죽은 뒤 잉글랜드의 왕이 되었다. 또한 그는 한때 선왕이 다스렸던 프랑스의 영토도 모두 되찾았다.

4장 | 앤드러클러스와 사자

p.68~69 옛날 옛적 로마에 앤드러클러스라는 가엾은 노예가 살았다. 그의 주인은 잔인하고 지독한 사람이었기에 마침내 앤드러클러스는 도망을 치고 말았다.

그는 험한 숲 속에 오랫동안 숨어 있을 수는 있었지만, 먹을 것을 찾지 못했다. 그는 병들고 쇠약해져서 살아나지 못할 거라는 생각이 들었다. 그러던 어느 날 그는 어느 동굴 안으로 기어 들어가 깊은 잠에 빠져 버렸다.

얼마 후 그는 요란한 소리에 잠을 깼다. 사자 한 마리가 동굴 안으로 들어와 큰 소리로 으르렁대고 있었다.

p.70~71 앤드러클러스는 몹시 겁에 질렸다. 사자가 자신을 죽이고 말 거라는 생각이 들었다. 하지만 그는 이내 사자가 으르렁대고 있는 것이 화가 나서가 아니라 고통 때문임을 눈치챌 수 있었다. 사자는 발이 아픈 듯 절룩거리고 있었다.

앤드러클러스는 사자의 상처난 발을 보기 위해 용기를 내어 사자의 발을 붙잡아 이리저리 살펴 보았다. 사자는 움직이지 않고 머리를 노예의 어깨에 대고 문질렀다.

마치 사자가 "네가 도와줄 줄 알았어."라고 말하는 듯 했다.

앤드러클러스는 사자의 발에 길고 날카로운 가시가 박혀 있는 것을 발견했다. 그가 힘을 주어 가시를 잽싸게 잡아당기자 가시가 빠져 나왔다. 사자는 매우 기뻐했다. 그리고 새로 얻은 친구의 손과 발을 핥았다. 앤드러클러스는 이제 두렵지 않았다. 그들은 매우 좋은 친구가 되었다. 밤이 되면 그들은 나란히 누워 잠을 잤다. 사자는 새로 사귄 친구에게 매일 먹을 것을 구해다 주었다. 앤드러클러스의 새로운 삶은 무척 행복했다.

p.72~73 어느 날 병사들 몇 명이 숲을 지나다가 동굴에 있던 앤드러클러스를 발견했다. 병사들은 그가 도망친 노예임을 알고, 그를 붙잡아 로마의 잔인한 주인에게로 다시 데려갔다.

그 당시에는 도망친 노예를 굶주린 사자와 싸우게 하는 법이 있었다. 그래서 사나운 사자를 붙들어 싸움이 있기 며칠 전부터 굶겨 놓았다.

그 날이 되자 노예가 사자와 싸우는 것을 구경하기 위해 수많은 사람들이 몰려들었다. 가엾은 앤드러클러스가 원형 경기장 안으로 끌려 들어갔다. 그는 두려움으로 인해 거의 숨이 넘어갈 지경이었다. 사자의 으르렁거리는 소리가 그의 귀에 들렸다. 그는 군중을 올려다보았다. 그의 눈에 비친 수많은 얼굴들에서는 동정심이라곤 찾아볼 수가 없었다.

p.74~75 그 때 굶주린 사자가 안으로 뛰어 들어왔다. 사자는 가엾은 노예에게 달려들었다. 앤드러클러스는 큰 소리로 외쳤다. 하지만 그것은 공포의 외침이 아니라 기쁨의 외침이었다. 맹수는 그와 친구가 되었던 바로 그 사자였기 때문이었다.

군중들은 사자가 노예를 죽일 것으로 예상했다. 하지만 그들은 앤드러클러스가 사자의 목을 얼싸안는 것을 보았다. 군중들은 침묵하고는 사자가 노예의 발치에 엎드려 노예의 발을 핥는 광경을 지켜보았다.

그 거대한 맹수가 머리를 노예의 얼굴에 다정스럽게 비벼대는 모습이 보였다. 군중들은 눈앞에 벌어지는 광경을 이해할 수 없었다.

p.76~77 잠시 후, 사람들은 앤드러클러스에게 어찌된 일인지 알려달라고 했다. 그는 사자의 목을 감싸 안은 채 그들이 어떻게 만났는지 들려주었다.

"여태까지 누구 하나 저의 친구가 되어주지 않았습니다. 하지만 이 가엾은 사자는 제게 다정하게 대해주었지요. 우리는 형제처럼 서로를 아낍니다." 그가 말했다.

사람들은 가엾은 노예에게 더 이상 잔인하게 굴 수가 없었다.

"살려주고 풀어 주어라!" 그들은 소리쳤다. "살려주고 풀어줘라!"

"사자도 풀어 주어라!" 다른 군중이 외쳤다.

"저 둘을 모두 자유롭게 해주어라!"

앤드러클러스는 풀려났으며, 친구인 사자도 데리고 갈 수 있었다. 그들은 로마에서 오래도록 함께 살았다.

해변의 커뉴트 왕

p.78~79 수백 년, 전 커뉴트라는 이름의 잉글랜드 왕이 있었다. 궁정에 있는 그의 대신들과 귀족들은 언제나 그를 칭송했다.

"오, 전하는 역사상 가장 위대하신 분이십니다. 그 누구도 전하만큼 큰 힘을 지니진 못할 것입니다."

"커뉴트 대왕이시여, 이 세상 누구도 전하를 거역하지 못할 것입니다."

왕은 현명한 사람이었으므로 그런 어리석은 말들을 듣는 게 지겨워졌다.

p.80~81 어느 날 커뉴트 왕과 대신들은 바닷가에 나갔다. 대신들은 평소처럼 왕을 칭송해댔다. 왕은 대신들에게 따끔한 맛을 보여주리라 생각했다. 그래서 그는 바다 가까운 해변에 자신의 의자를 갖다 놓으라고 명령했다.

"내가 세상에서 가장 위대한 사람인가?" 왕이 물었다.

"전하는 그 누구보다 큰 힘을 지니고 계십니다!" 대신들이 소리쳤다.

"세상 만물이 다 내게 복종하는가?" 커뉴트 왕은 물었다.

"감히 전하를 거역할 자는 아무도 없습니다. 세상이 다 전하 앞에 무릎 꿇고 전하를 존경해 마지않습니다." 대신들이 말했다.

"바다도 내게 복종하는가?" 커뉴트 왕이 물었다.

어리석은 대신들은 당황했지만 아니라는 말은 하고 싶지 않았다.

"오, 왕이시여, 바다에게 명령을 내리시면 바다가 복종할 것입니다." 대신들 중 한 명이 말했다.

"바다여!" 커뉴트 왕이 소리쳤다. "네게 명령하노니, 멈춰라! 파도여, 밀려오지 말아라. 내 발을 적시지 말아라!"

p.82~83 하지만 파도는 항상 그랬듯이 변함없이 밀려들었다. 바닷물은 점점 더 높이 밀려들어왔다. 바닷물이 왕의 의자가 있는 곳까지 밀려들어와 왕의 발과 관복을 적셨다. 대신들은 왕이 화가 난 게 아닌지 걱정했다. 그 때 커뉴트 왕이 자신의 왕관을 벗어 모래 위에 던지며 말했다.

"다시는 왕관을 쓰지 않겠다. 그리고 너희들이 교훈을 얻었기를 바란다. 전지전능하신 왕은 오직 한 분뿐이다. 그 분은 하늘에 계신다. 그 분이 세상을 다스리시고 바다를 다스리신다. 너희들이 칭송하고 섬겨야 할 분은 바로 그 분이시다."

5장 | 맥시밀리언과 거위치기 소년

p.86~87 어느 여름날 바바리아의 맥시밀리언 왕이 시골길을 걷고 있었다. 햇볕이 쨍쨍 내리쬐고 있었고 날씨는 무척 더웠다. 맥시밀리언 왕은 떡갈나무 아래에서 걸음을 멈췄다. 시원한 그늘이 무척 상쾌했으므로, 왕은 부드러운 풀밭에 드러누웠다.

그리고 주머니에서 작은 책 한 권을 꺼내 읽기 시작했다. 하지만 왕은 책을 집중해서 읽을 수가 없었다.

이내 눈이 감겼고 왕은 잠이 들었다. 왕이 깨어난 것은 정오가 넘어서였다. 왕은 지팡이를 집어 들고 집으로 걸음을 옮겼다. 1마일 정도 걸어갔을 때, 왕은 책이 생각났다. 책을 나무 밑에 두고 온 것이었다. 왕은 이미 꽤 지쳐 있었으므로, 나무 있는 곳까지 돌아가기는 싫었다. 하지만 책을 잃어버리고 싶지도 않았다. 어떻게 해야 할까? 대신 책을 가져다 줄 사람이 있으면 좋을 텐데!

p.88~89 잠시 고민을 하던 왕은 길 근처 목초지에 있는 맨발의 소년을 보았다. 소년은 많은 거위 떼를 지키고 있었다. 거위들은 짧은 풀을 뜯어먹거나 개울물 속에서 돌아다니고 있었다. 왕이 소년을 불렀다.

"얘야, 이 금화를 갖고 싶지 않니?"

"매우 갖고 싶어요." 소년이 말했다.

"떡갈나무 있는 곳까지 뛰어가서 내가 거기 놓아 둔 작은 책을 가져다 주면 이걸 주마.” 왕이 말했다. 왕은 소년이 기뻐하리라 생각했다.
하지만 소년은 고개를 돌렸다.

p.90~91 “전 아저씨 생각처럼 그렇게 어리석지 않아요!” 소년이 말했다. “제가 책을 가져다 드렸을 때 말씀대로 돈을 주실지 믿을 수 없어요. 전 속지 않을 거예요.”

“돈을 지금 주면 믿겠니?” 왕이 말했다. 왕은 소년에게 금화를 건넸다. 소년은 금화를 들여다 보았지만, 꼼짝도 하지 않았다.

“이젠 뭐가 문제냐?” 왕이 물었다. “왜 가지 않는 거니?”

“거위들을 내버려 두고 갈 수 없어요. 거위들이 도망쳐 버릴 거예요.” 소년이 말했다.

“네가 갔다 오는 동안 내가 거위들을 지키고 있으마.” 왕이 말했다.

소년이 웃었다. “아저씨가 얼마나 거위를 잘 돌보는지 한번 보고 싶군요! 거위들이 다 달아나 버릴걸요.”

“한번 해 보마.” 왕이 말했다.

소년은 왕에게 채찍을 건네고는 길을 걸어 내려갔다. 잠시 후 소년이 되돌아왔다.

“이번에는 또 뭐가 문제냐?” 맥시밀리언 왕이 말했다.

“찰싹 하고 소리 나게 채찍을 휘둘러 보세요!” 소년이 말했다.

p.92~93 왕은 채찍을 휘둘러 보았지만 소리를 내지는 못했다.

“그럴 줄 알았어요.” 소년이 말했다. “아저씨는 어떻게 하는지 모르고 계세요.”

소년은 채찍을 받아 들고, 왕에게 채찍으로 찰싹하는 소리가 나게 휘두르는 법을 보여 주었다.

“이제 어떻게 하는지 아시겠죠? 거위들이 달아나려 하면 채찍으로 크게 소리를 내세요.”

그리고 소년은 심부름을 가기 위해 떠났다.

맥시밀리언 왕은 풀밭에 앉았다.

‘거위를 지키는 게 뭐가 어렵다고.’ 그는 생각했다.

하지만 거위들은 소년이 없다는 걸 알아챘다. 거위들은 왕에게 꽥꽥거리고 쉿쉿 소리를 내며 대들었다. 그리고 목초지를 가로질러 달아나 버렸다.

왕이 거위들을 뒤쫓았지만 도저히 잡을 수가 없었다. 채찍으로 소리를 내보려 했지만, 소용이 없었다. 거위들은 이내 멀리 달아나 버렸다. 거위들은 밭으로 들어가 부드러운 채소 잎들을 뜯어먹기 시작했다.

p.94~95 얼마 후, 거위치기 소년이 책을 가지고 돌아왔다.

"염려했던 대로군요. 난 책을 찾아왔는데 아저씬 거위들을 놓쳐버렸어요."

"걱정하지 마라." 왕이 말했다. "내가 거위들을 찾도록 도와주마."

"좋아요, 그럼 저기로 달려가셔서 개울 옆에 서 계세요. 제가 거위들을 밭에서 몰아낼게요." 거위치기 소년이 말했다.

왕은 소년의 말대로 했다. 소년은 채찍을 가지고 거위들 쪽으로 달려갔다. 이내 거위들이 목초지로 다시 쫓겨나왔다.

"거위치기로서는 형편없을지 모르지만 난 왕이다. 이런 일에는 익숙하지 못하단다." 맥시밀리언 왕은 말했다.

"아저씨가 왕이시라고요?!" 소년은 말했다. "거위들을 아저씨한테 맡기다니 나도 참 어리석었죠. 하지만 아저씨가 왕이라고 믿을 만큼 멍청하지는 않아요."

"좋아." 맥시밀리언 왕이 미소를 지으며 말했다. "여기 금화 한 개가 더 있다. 이제 우리 친구가 되자구나."

소년은 금화를 받아 들고 왕에게 고맙다고 인사를 했다.

"아저씨는 매우 친절하신 분이군요." 소년이 말했다. "아저씨는 아마 좋은 왕은 되시겠지만, 솜씨 좋은 거위치기는 결코 되지 못하실 거예요!"

월터 랄리 경

p.96~97 아주 오래 전, 잉글랜드에 월터 랄리라는 용감하고 당당한 사람이 살고 있었다. 그는 용감하고 당당한 사람이었을 뿐만 아니라, 매우 잘 생기고 예의도 바른 사람이었다. 그런 이유로, 엘리자베스 여왕은 그에게 기사 작위를 내리고, 월터 랄리 경으로 불렀다. 그렇게 된 데에는 다음과 같은 사연이 있었다.

어느 날, 청년이었던 월터가 런던의 한 거리를 걸어가고 있었다. 그 당시에는 도로가 포장이 되어 있지 않았고 인도도 따로 없었다. 그 날은 비가 내려 길거리가 진흙탕이었다. 월터는 좋은 옷을 입고 있었고 어깨에는 멋진 주홍색 망토를 걸치고 있었다.

얼마 가지 못해 월터의 바지와 신발은 진흙투성이가 되었다.

그런데 갑자기 더러운 물 웅덩이가 앞에 나타났다. 그 웅덩이는 길을 완전히 가로지르고 있었다. 그냥 걸어서 건널 수 없었다. 건너 뛸 수도 없었다. 그는 멈춰 서서 어떻게 할까 고민했다.

그 때 엘리자베스 여왕이 시녀들을 거느리고 거리를 따라 걸어오는 것이 그의 눈에 띄었다. 여왕도 거리 한 복판의 더러운 물 웅덩이를 보았다. 그리고 잘생긴 청년 하나가 그 옆에 서 있는 것을 보았다. 여왕은 진흙탕에 젖지 않고 어떻게 그 웅덩이를 건너갈 것인가?

월터는 여왕과 웅덩이를 번갈아 쳐다보았다. 그가 할 수 있는 일은 하나뿐이었다.

p.98~99 그는 자신의 주홍색 망토를 벗어 웅덩이 위에 펼쳐 깔았다. 여왕은 두꺼운 망토를 딛고 웅덩이를 건넜다. 덕분에 여왕은 진흙탕에 발을 더럽히지 않을 수 있었다. 여왕은 청년에게 고맙다는 말을 하기 위해 잠시 발길을 멈췄다.

여왕은 걸어가면서 시녀 한 명에게 물었다. "나를 도와준 저 신사는 누구인가?"

"월터 랄리라는 젊은이입니다." 시녀가 말했다.

"그에게 상을 내려야겠다." 여왕이 말했다. "저렇게 예의 바르고 훌륭한 젊은이는 없을 것이야."

며칠 후, 엘리자베스 여왕은 사람을 보내 월터를 궁으로 불러들였다. 월터는 입고 갈 주홍색 외투가 없어 난처했다. 하지만 여왕은 신경 쓰지 않았다. 그 날 여왕은 나라의 모든 귀족들 앞에서 월터에게 기사 작위를 수여했다. 그리고 그 때부터 청년은 여왕이 총애하는 월터 랄리 경으로 알려지게 되었다.

p.100~101 월터 랄리 경에게는 험프리 길버트 경이라는 이복 형제가 있었다. 험프리 경이 처음 아메리카 대륙으로 가는 항해 길에 나설 때, 월터 경도 동행했다. 그 뒤로 월터 경은 수 차례나 아메리카 대륙에 사람들을 보내 정착시키려고 노력했다. 하지만 정착민들은 거대한 수림이 있는 낯선 땅을 좋아하지 않았다. 그들은 들짐승들과 인디언들을 두려

워했다. 그들 중 일부는 잉글랜드로 되돌아왔다. 또 어떤 이들은 식량이 떨어져 죽었으며, 또 일부는 숲 속에서 실종되고 말았다. 마침내 월터 경은 아메리카에 사람들을 보내는 일을 포기했다. 그런데 그는 아메리카에서 잉글랜드 사람들에게 전혀 알려지지 않았던 것 두 가지를 발견했다. 하나는 감자였고, 다른 하나는 담배였다.

월터 경은 최초로 감자를 아메리카로부터 영국으로 들여왔다. 감자는 아메리카에서처럼 영국에서도 잘 자랐다. 영국 사람들은 감자를 맛보고 그 맛을 좋아하게 되었다. 그리고 오늘날 감자는 세계 전역에서 흔히 볼 수 있는 식품이다.

p.102~103 월터 경은 아메리카에서 인디언들이 담배 잎사귀를 말아 피우는 것을 보았다.

월터 경은 자신도 인디언들이 하는 대로 해보리라 생각했다. 그래서 담배잎 얼마를 영국으로 가지고 왔다. 영국인들은 그 전에 담배를 접해본 적이 없었다. 월터 경이 담배를 피우는 것을 본 사람들은 모두 매우 이상하게 여겼다.

어느 날 월터 경이 의자에 앉아 담배를 피우고 있을 때 하인이 방에 들어왔다. 하인은 월터 경의 머리 주위에 연기가 자욱한 것을 보았다. 하인은 주인의 몸에 불이 붙었다고 생각하고 물을 가지러 달려갔다. 하인은 양동이 가득 물을 가지고 와서 월터 경의 얼굴에 쏟아 부었다. 불은 꺼졌지만, 얼마 뒤 많은 사람들이 담배를 피우게 되었다.